GTB
Gütersloher Taschenbücher
633

Religion in Europa

Christian Modehn

Religion in Frankreich

GTB 632

Horst Schlitter

Religion in Italien

GTB 633

Gerd Stricker

Religion in Rußland

GTB 634

Carsten Peter Thiede

Religion in England

GTB 635

Die Reihe wird fortgesetzt.

Gütersloher Verlagshaus
Gerd Mohn

Horst Schlitter

Religion in Italien

Darstellung und Daten zu Geschichte und Gegenwart

Mit Zeichnungen von Thomas Kubsa

Gütersloher Verlagshaus
Gerd Mohn

Originalausgabe

Titelbild: Petersdom, Rom

Die Deutsche Bibliothek – CIP-Einheitsaufnahme

Schlitter, Horst:
Religion in Italien : Darstellung und Daten zu Geschichte und Gegenwart/
Horst Schlitter. – Orig.-Ausg. – Gütersloh :
Gütersloher Verl.-Haus Mohn, 1993
(Gütersloher Taschenbücher ; 633) (Religion in Europa)
ISBN 3-579-00633-9
NE: 1. GT

ISBN 3-579-00633-9

Umschlaggestaltung: Dieter Rehder, Kelmis/Belgien, unter Verwendung einer Zeichnung von Malte Hagen Olbertz, Aachen
Gesamtherstellung: Clausen & Bosse, Leck

Gedruckt auf chlorfrei gebleichtem Werkdruckpapier.

Printed in Germany

Inhalt

Daten

Vorwort

In der Heiligen Stadt Rom sind die Steine manchmal heiliger als die Menschen. Und die Steine vor allem sind es, die die Basis legen für die weltumfassende Kirche, die heute noch – fast 2000 Jahre nach der Geburt des Gottessohnes im Stall von Bethlehem – den Anspruch erhebt, die wahre christliche Lehre zu verbreiten. Mit den Soldaten des römischen Imperiums kam nicht nur unermeßliche Beute aus den besiegten Ländern nach Rom, sondern auch eine Fülle neuer Götter aus Griechenland, Kleinasien und Nordafrika. Schließlich ließen sich die Kaiser selbst als Gott verehren. Keine der vielen Religionen setzte sich endgültig als Staatsreligion durch. Deshalb hätte das langsam im Osten und später im Westen verbreitete Christentum eine gute Chance gehabt, sich friedlich zu entwickeln, wenn die Christen sich nur nicht geweigert hätten, die römischen Herrscher als ›göttlich‹ anzuerkennen und ihnen zu huldigen. Der Konflikt mit dem Mächtigsten auf Erden brachte die Nachfolger Jesu und ihre Gemeinschaft in eine tödliche Gefahr, hob sie aber gleichzeitig heraus aus den vielen anderen Religionen. Und als diese Gefahr unter blutigen Opfern überwunden war, fanden die Christen die Kraft, ihren Glauben von Rom aus in alle Welt hinauszutragen.

Die Mitte des dritten Jahrhunderts n. Chr. einsetzenden ersten allgemeinen Christenverfolgungen fanden erst unter Konstantin (324–337) ihr Ende. Während sich der Kaiser in Konstantinopel etabliert hatte, schlug das Christentum im heidnischen Rom seine Wurzeln. Gemäß dem Auftrag, den Christus seinem Apostel Petrus erteilt hatte, begann hier die bis zum heutigen Tag reichende Kette der Päpste, die diese göttliche Weisung auf ihr Amt als ›Bischof von Rom‹ bezogen: ›Du bist Petrus, das heißt Fels. Auf diesen Felsen will ich meine Kirche bauen, und die Mächte der Hölle werden sie nicht überwältigen. Ich will dir die Schlüssel zum Himmelreich geben … usw. usw. usw.

Einleitung

Was glauben die Italiener? An der Schwelle des Europa-Jahres 1993 weiß die Demoskopie eher, woran sie *nicht* glauen: Sie glauben nicht mehr an die Fähigkeit des Staates, dringende Probleme zu lösen. Sie glauben nicht an die Redlichkeit der Parteien, sie glauben nicht an die alles überwindende Kraft ihrer Gesellschaft, ja sie glauben nicht einmal mehr an den ›stellone‹, den alles in ein mildes Licht tauchenden großen Stern, der über der Apenninhalbinsel steht und das Geschick der kleinen Menschen dort unten immer zum Guten wendet.

Auch unter dem Kirchendach, dem eigentlichen Bereich des Glaubens, bewegen sich die Getauften nicht mehr mit der angelernten Frömmigkeit vergangener Jahrzehnte. Zwar heiraten die meisten Italiener noch vor dem Altar, aber ihre Zahl wird weniger im Vergleich zu den Brautleuten, denen der Stempel des Bürgermeisteramts für ihren Lebensbund genügt. Zwar nennen sich die meisten Bürger der Italienischen Republik noch ›katholisch‹, doch sie machen von dieser Qualität weniger Gebrauch als in den ersten Jahren nach dem Kriege.

Werktags sind alle Kirchen leer, und auch am Sonntag, besonders wenn die Sommersonne vom Himmel scheint, zieht es die Mehrheit der Menschen zwischen Turin und Palermo ans Meer oder in die Berge. Es gab einmal Zeiten, da konnten die meisten es sich nicht erlauben, der sonntäglichen Messe fernzubleiben. Nicht nur im Dorf, sondern auch in den Städten hing früher das Ansehen des einzelnen meist davon ab, ob der Herr Pfarrer eine gute Meinung von ihm hatte. Wer hingegen heute zur Kirche geht, tut es nur noch selten, um von einflußreichen Leuten neben der Weihwasserschale gesehen zu werden. Er tut es jetzt aus eigener Überzeugung. Der verstorbene Kölner Kardinal Joseph Höffner nannte diesen Vorgang einmal das ›Gesundschrumpfen der Kirche‹. Wenn seine Diagnose stimmt, dann ist das religiöse Leben unter dem azurblauen Himmel Italiens erheblich gesünder geworden.

Doch wenn die Kirche auch nicht mehr mitten im italienischen Dorf steht, sie hat weiterhin ihren Platz in der italienischen Gesellschaft. Sie hat in ganz unterschiedlichen Bereichen ihr Gewicht, und selbst ›im Rat der Gottlosen‹ und dort ›wo die Spötter sitzen‹, wie es im Psalm heißt, hinterläßt sie gut lesbare Spuren. Zu den ›Spöttern‹ zählen vor allen anderen die Römer. Obwohl (oder vielleicht sogar weil) sie seit fast zwei Jahrtausenden mit den Päpsten und ihrem Kurienapparat zu tun haben, behandeln sie das Thema Kirche nüchtern, manchmal sogar kaltschnäuzig.

›Morto un papa‹, sagen sie, ›se ne fa un altro‹. Auf deutsch: Wenn ein Papst gestorben ist, macht man eben einen andern. Ohne besonders fromm erscheinen zu wollen, benutzen Italienerinnen und Italiener Sprachwendungen, in denen Gott und die Welt ganz nahe zusammengerückt sind. ›Wir sind alle Kinder von Adam und Eva‹, heißt es biblisch. Wir sind allzumal Sünder! Und sogar die Heiligen werden einbezogen in diesen warmblütigen Kreis der Sünder. Waren sie nicht auch Menschen? ›Ogni santo vuol la sua candela‹, verrät der Volksmund: Jeder Heilige will seine Kerze haben. Wie sollte man da nicht an die vielen kleinen Schreiberlinge und auch die Herren Kanzleiräte in den Ämtern und Ministerien denken, die ihre Arbeit nur dann leisten, wenn der brave Christ sich ihnen in klingender Münze erkenntlich gezeigt hat! In der Heiligen Stadt Rom verkörpert sich der Anspruch der weltumfassenden Kirche, die heute noch daran festhält, die *wahre* christliche Lehre zu vertreten. Am Anfang war das Christentum eine Religion unter vielen, die durch die Legionäre aus dem Osten des Reiches importiert wurden. Als sich die römischen Kaiser selbst zu Göttern ernannten und entsprechende Kulte einführten, weigerten sich die Christen daran teilzunehmen.

Durch diesen Widerstand aber setzten Mitte des dritten Jahrhunderts n. Chr. die ersten allgemeinen Christenverfolgungen ein, die erst unter Konstantin (324–337) ihr Ende fanden. Während sich der Kaiser in Konstantinopel etabliert hatte, schlug das Christentum im heidnischen Rom seine Wurzeln. Gemäß dem Auftrag, den Christus seinem Apostel Petrus erteilt hatte, begann hier die bis zum heutigen Tag reichende Kette der Päpste, die diese göttliche Weisung auf ihr Amt als ›Bischof von Rom‹ bezogen: ›Du bist Petrus, das heißt Fels. Auf diesen Felsen will ich meine Kirche bauen, und die Mächte der Hölle werden sie nicht überwältigen. Ich will dir die Schlüssel zum Himmelreich geben. Wen du auf der Erde binden wirst, der wird auch im Himmel gebunden sein, wen du auf der Erde lösen wirst, der wird auch im Himmel frei sein‹ (nach Jörg Zink).

Petrus, der Senior unter den Jüngern, hat in Rom viele Spuren hinterlassen: Im Mamertinischen Kerker am Fuße des Kapitols soll er nach der christlichen Überlieferung gefangengehalten worden sein. Im Hochaltar von S. Pietro in Vincoli sind die Ketten zu sehen, an die Petrus angeblich gefesselt war. Eine Legende der römischen Gemeinde erzählt von einer Begegnung des aus Rom fliehenden Fischers mit dem auferstandenen Christus. ›Quo vadis, Domine?‹, wohin gehst du? fragte der Jünger den Herrn erstaunt und erhielt zur Antwort: ›Ich gehe in die Stadt, um mich zum zweitenmal kreuzigen zu lassen.‹ Petrus kehrte reumütig um und wurde von Neros Henkern ans Kreuz geschlagen (in der Zeit zwischen 64 und 67).

Schon um das Jahr 200 wird das Grab des Petrus verehrt. Unter dem Petersdom stießen Archäologen erst Mitte dieses Jahrhunderts auf eine Gräberstraße am Rande des Nero-Circus, die unter dem Hochaltar von St. Peter zu einem Denkmal von besonderer kultischer Verehrung führt. Selbst wenn die Stätte nicht mit letzter Gewißheit als die ›tomba‹ des Apostelfürsten identifiziert werden kann, läßt doch die Ortswahl der ersten Petrus-Basilika aus der Zeit Konstantins und damit auch der heutigen Peterskirche auf die herausragende Bedeutung des Platzes in der frühchristlichen Zeit schließen. Heute ist der Besuch des Petersgrabes ein beliebter Programmpunkt für Rompilger und Freunde der frühchristlichen Archäologie. Selbst wenn der endgültige Beweis für die letzte Ruhestätte des Petrus nicht zu erbringen ist, bietet Rom auch für Christen Geschichte zum Anfassen. ›Letzte Gewißheit verschafft uns nur der Glaube‹, sagt einer der besten vatikanischen Führer, der die kleinen Besuchergruppen von Zeit zu Zeit bis an die Schwelle des ersten nachchristlichen Jahrhunderts begleitet.

Goethes Entzücken blieb aus

Als Johann Wolfgang Goethe Anfang November 1786 zum erstenmal nach Rom kam, brannte er darauf, das Wirken des Papstes in der Heiligen Stadt aus der Nähe zu erleben. Zusammen mit dem Maler Johann Heinrich Tischbein wohnte er einer Messe in der Hauskapelle Pius VI. bei und fühlte sich durchströmt von dem Gefühl, im Quirinalspalast ›wunderbar unter einem Dache mit dem Statthalter Christi‹ zu sein. In der ›Italienischen Reise‹ schildert der Dichter seine Eindrücke:

Die Funktion war angegangen, Papst und Kardinäle schon in der Kirche. Der Heilige Vater, die schönste würdigste Männergestalt, Kardinäle von verschiedenem Alter und Bildung. Mich ergriff ein wunderbar Verlangen, das Oberhaupt der Kirche möge den goldenen Mund auftun und, von dem unaussprechlichen Heil der seligen Seelen mit Entzücken sprechend, uns in Entzücken versetzen. Da ich ihn aber vor dem Altare sich nur hin und her bewegen sah, bald nach dieser, bald nach jener Seite sich wendend, sich wie ein gemeiner Pfaffe gebärdend und murmelnd, da regte sich die protestantische Erbsünde, und mir wollte das bekannte und gewohnte Meßopfer hier keineswegs gefallen. Hat doch Christus schon als Knabe durch mündliche Auslegung der Schrift und in seinem Jünglingsleben gewiß nicht schweigend gelehrt und gewirkt, denn er sprach gern, geistreich und gut, wie wir aus den Evangelien wissen. Was würde der sagen, dacht' ich, wenn er hereinträte und sein Ebenbild auf Erden summend und hin und wider wankend anträfe?

Teil I – Geschichte

Päpste in der Nachfolge Petri

Einzelheiten über das Leben des Petrus in Rom sind uns nicht überliefert. Aber Halbdunkel umhüllt auch das Wirken der Päpste in der frühchristlichen Zeit. Bis zur Mitte des vierten Jahrhundert sind sie alle heiliggesprochen worden, ein Hinweis auf den Märtyrertod, den die meisten von ihnen erlitten haben. Doch ob Linus dem Petrus nachfolgte oder Anaclet, wissen die Historiker nicht zu sagen. Des ungeachtet, nennt das Päpstliche Jahrbuch heute eine ununterbrochene Kette der Männer, die der Kirche in der Nachfolge Christi vorstanden, zusammen mit den Daten ihrer Amtszeit. Ja, selbst die Gegenpäpste, deren Existenz das Bild noch mehr verwirrt, sind nicht vergessen.

Die geschlossene Reihe der Namen war für Rom schon immer von hervorragender Bedeutung, weil sie die mit Petrus einsetzende Tradition beweist. Es ist also kein Zufall, daß im ökumenischen Gespräch mit den anderen christlichen Kirchen die Fragen der apostolischen Nachfolge und die Rolle des Priesteramtes bis heute offen sind.

Weitaus bekannter als die Aufzeichnungen in dem vor anderthalb Jahrtausenden entstandenen Liber Pontificalis, dem ›Papstbuch‹, das alle Petri-Nachfolger und ihre Taten beim Namen nennt, ist eine kirchliche Ahnengalerie besonderer Art. Sie befindet sich in der Patriarchalkirche St. Paul vor den Mauern, die bis zum Neubau der Peterskirche das größte Gotteshaus der Christenheit war. Im Mittel- und Querschiff der Basilika, von deren Besuch die Pilger aus aller Welt den vollständigen Ablaß ihrer Sünden erhoffen, ist ein Kranz von Rundbildern zu sehen, die alle Päpste seit Petrus zeigen. Nach römischem Volksglauben soll das Ende der Welt gekommen sein, wenn alle freien Stellen von den knapp zwei Meter hohen Medaillons gefüllt sind. Doch in der Vergangenheit schon mußte neuer Raum für neue Päpste geschaffen werden, als sich der erste Ring geschlossen hatte. Die geheimnisvolle Prophezeiung ging nicht in Erfüllung. Ge-

S. Paolo Fuori le Mura

Weniger als vom Grabmal des Petrus ist über die letzte Ruhestätte des Apostels Paulus bekannt geworden. Schon im 4. Jahrhundert befand sich an jener Stelle, wo Paulus enthauptet und beigesetzt worden sein soll, eine Kapelle. Bald darauf entstand hier eine Basilika, die bis zum Neubau von St. Peter die größte der Christenheit war. Sie zählt noch heute zu den vier Patriarchalkirchen Roms. Ein Brand Anfang des vergangenen Jahrhunderts, vermutlich durch die Fahrlässigkeit eines Handwerkers entstanden, vernichtete das Kirchenschiff vollständig. Von der alten Pilgerkirche ist heute noch im Triumphbogen ein herrliches Mosaik aus dem 5. Jahrhundert erhalten, die Reihe der 80 Säulen und ein mittelalterlicher Osterleuchter. Von Petrus bis zu Johannes Paul II. finden sich im neu errichteten Schiff die Rundporträts aller Päpste. Durch die Sakristei erreicht der Besucher den Kreuzgang des angrenzenden Benediktinerklosters, in der ersten Hälfte des 13. Jahrhunderts mit prächtigen Mosaiken ausgeschmückt.

wißheit hingegen herrscht über die Verehrung des Paulus an dieser Stelle, das heißt weit draußen vor den Toren der Stadt gleich neben der Straße nach Ostia. Allerdings ist sie nicht, wie bei Petrus, durch Ausgrabungen bekräftigt worden. Die Römerin Lucina soll den Apostel hier nach seinem Tod durch das Schwert würdig bestattet haben.

Die Verfolgungen im Osten und im Westen Europas zwangen die Christen, sich enger zusammenzuschließen. So wuchs allmählich aus der Gemeinschaft der Getauften die Kirche unter Leitung ihrer Bischöfe. Schon früh akzeptierten auch die andern Gemeinden den Bischof von Rom als ›primus inter pares‹, als Ersten unter Gleichen. ›Papa‹ oder Vater nannte er sich schon früh, doch gegen seinen Anspruch, der zum erstenmal Mitte des fünften Jahrhunderts von Leo I. ausgesprochen wurde, Petrus habe allein die Gewalt ›zu binden und zu lösen‹ von Christus empfangen vor allen andern Aposteln, hielt sich lange Widerspruch.

Bis ins 12. Jahrhundert nennt sich der Bischof von Rom ›Statthalter des seligen Petrus‹. Erst Innozenz III. (1198–1216) regiert als ›Vicarius Jesu Christi‹, als Stellvertreter Christi. Am Ende einer langen Entwicklung war aus dem Urchristentum die Papstkirche geworden. In seiner Bulle ›Unam sanctam‹ beweist der mit Frankreich im Streit liegende Bonifaz VIII. (1294–1303), auf welch schwindelnden Gipfel der Nachfolger des demütigen Jesus geklettert ist, wenn er erklärt: ›Es ist zum Heile für jegliches menschliches Wesen unerläßlich, dem römischen Papst unterworfen zu sein.‹ Der Alleinanspruch des römischen Pontifex, der außer Matthäus keinen anderen Evangelisten zum Zeugen hat, ist immer wieder behauptet, aber nie theologisch begründet worden. 1870 findet er unter Pius IX. im Unfehlbarkeitsdogma seinen umstrittenen Höhepunkt in dem Augenblick, als der Kirchenstaat aufgelöst und ein neues Königreich Italien gegründet wurde. Erst Johannes XXIII., der 90 Jahre später das Zweite Vatikanische Konzil einberief, wollte den Bischöfen wieder größeres Gewicht geben innerhalb der Kirche. Doch brachte sein baldiger Tod solche Bemühungen auf halbem Weg zum Stehen.

Gewiß sind die Päpste nach dem Zusammenbruch des römischen Imperiums nicht Rechtsnachfolger der Cäsaren geworden. Jedoch versuchten sie mit unterschiedlichem Erfolg, auf dem schmalen Boden ihrer Weltlichkeit als geistliche Oberhäupter der alten Welt das entstandene Vakuum zu füllen. Dabei mußte es zum Konflikt mit den Herrschern Europas kommen. Die gottesherrschaftliche Grundhaltung des Byzantinischen Reiches am Ostrand des Mittelmeers stellte Rom viele Jahrhunderte lang in den Schatten. Nicht der Pontifex im Westen galt als Stellvertreter Christi, sondern der Kaiser in Konstantinopel, dessen Land uneingeschränkt von griechischer Kultur bestimmt war. Ihm unterstanden vier große Metropoliten. Griechische Bischöfe und Mönche beherrschten das Glaubensleben.

Allmählich setzte sich die Überzeugung durch, daß die Bischöfe Roms und Konstantinopels den Vorrang in der Gesamtkirche haben. Damit war eine Vorentscheidung für die Spaltung gefallen. Sie hätte nur dann verhindert werden können, wenn sich der Bischof in der östlichen oder der westlichen Kaiserstadt gegen seinen Konkurrenten hätte durchsetzen können. Keiner von ihnen aber hat dieses Ziel erreicht. Das formelle Schisma, das schon im Frühmittelalter deutlich Gestalt angenommen hatte, ist seit 1054 vollendet.

Bis 450 n. Chr. noch hatten die Entscheidungen der vom Kaiser in Ostrom einberufenen Konzilien die päpstliche Gewalt erheblich eingeschränkt. Erst vom elften Jahrhundert an waren die großen Kirchenversammlungen im Westen eng an den römischen Papst gebunden. Nach heutigem Kirchenrecht kann nur der Papst ein Ökumenisches Konzil einberufen. Nur der Papst bestimmt seine Verhandlungsthemen und seine Geschäftsordnung. Konzilsväter dürfen zwar eigene Themen hinzufügen, doch nicht ohne Einverständnis des Papstes. Jederzeit kann der Papst ein Konzil verlegen, unterbrechen oder auflösen. Selbst die Beschlüsse des Konzils haben nur dann Gültigkeit, wenn der Papst ihnen zustimmt. Das theologische Problem, ob denn der Papst oder das Konzil (nach dem Christuswort: ›Wenn zwei oder drei in meinem Namen versammelt sind, dann bin ich mitten unter ihnen‹) die höhere Autorität habe, stellt sich längst nicht mehr.

Weit weniger als Bischöfe und Kardinäle waren die deutschen Kaiser bereit, die universale und geistige Vormachtstellung Roms anzuerkennen. Die vom Kreuz überragte Herrscherkrone verriet, daß der Kaiser ›von Gottes Gnaden‹ regierte. Doch auch die Päpste waren inzwischen nicht nur geistliche Oberhirten, sondern auch souveräne Herren mit eigenem Land, das im Laufe der Jahrhunderte erheblich anwuchs.

Lange führten die Päpste eine Fälschung als Beweis an für ihr Recht, einen Teil der italienischen Bevölkerung als Untertanen anzusehen: die Konstantinische Schenkung. So wie es ein Freskenzyklus in der Silvesterkapelle der römischen Kirche Santi Quattro Coronati geradezu dramatisch darstellt, habe der Kaiser Konstantin bei der Verlegung seiner Residenz nach Byzanz die alte Hauptstadt und das Abendland dem Papst Silvester (314–335) geschenkt. Heute ist die Wissenschaft davon überzeugt, daß ein entsprechendes Schriftstück in der zweiten Hälfte des achten Jahrhunderts von einem römischen Geistlichen kunstvoll angefertigt worden ist. Die offizielle Kirche hielt später diesen den Kirchenstaat angeblich begründenden Schenkungsakt für so bedeutend, daß neu gewählte Kaiser die Urkunde ausdrücklich bestätigen mußten. Taten sie es nicht, weil sie an der Echtheit des Dokuments zweifelten, wurden sie als Ketzer angesehen, wie Horst Fuhrmann es in seiner Papstgeschichte ›Von Petrus zu Johannes Paul II.‹ beschreibt.

Immer häufiger kehrt sich die Aufmerksamkeit des Oberhauptes der Kirche von seinem geistlichen Auftrag ab und wendet sich weltlichen Interessen zu. Während sich die Päpste verehren lassen als …›in die Mitte gestellt zwischen Gott und die Menschen, geringer als Gott, aber größer als der Mensch‹ (Innozenz III. an das römische Volk), verlieren sie Kraft, Zeit und Ansehen in politischem Ränkespiel, betreiben oder dulden Ämterkauf (Simonie) und bereichern sich aus kirchlichen Gütern. Kein Wunder, daß im Volk der Wunsch nach einem moralisch einwandfreien Papst, einem ›Engelpapst‹ wach wird. 1294 scheint sich dieser Wunsch zu erfüllen, als der Einsiedler Peter vom Berg Morrone unter dem Namen Cölestin V. den Stuhl Petri besteigt. Der bald nach seiner kurzen Regentschaft heiliggesprochene Mönch gilt schon zu Lebzeiten als Heiliger. Doch der Aufgabe, die Kurialverwaltung zu leiten und im Namen der Kirche internationale Verhandlungen zu führen, ist er nicht gewachsen. Fünf Monate nach seiner Wahl legt er die Papstkrone nieder als einziger Pontifex, der es wagte, von seinem Amt zurückzutreten.

Vor und auch nach dem ›Himmlischen‹ Cölestin hat kein Pontifex mehr diesen Schritt getan. Als Paul VI. am Ende seines Pontifikats den über 80jährigen Kardinälen im Konklave das Wahlrecht nahm und die Bischöfe aufforderte, mit dem 75. Lebensjahr ihren Krummstab aus der Hand zu legen, fragte der erzürnte Kardinal Alfredo Ottaviani, ob diese Regelung auch für den Bischof von Rom gelte. Tatsächlich soll der Montini-Papst eine Zeitlang erwogen haben abzudanken, verzichtete dann aber darauf, um die Weltkirche nicht in eine unkontrollierbare Situation zu zwingen.

Die Ausgabe des seit dem ersten Adventsonntag des Jahres 1983 gültigen ›Codex Iuris Canonici‹, des Gesetzbuches des kirchlichen Rechts, läßt einen Rücktritt des Papstes ausdrücklich zu. Der nur drei Zeilen umfassende Kanon sieht vor: ›Falls der Papst auf sein Amt verzichten sollte, ist zur Gültigkeit verlangt, daß der Verzicht frei geschieht und hinreichend kundgemacht, nicht jedoch, daß er von irgendwem angenommen wird.‹

Dantes literarische Rache

Italiens großer Dichter Dante Alighieri (1265–1321) hat die für ganz Italien unheilvollen Kämpfe zwischen der kaiserlichen Partei (Ghibellinen) und den Päpstlichen (Guelfen) am eigenen Leibe erlebt und erlitten. Obwohl er für seine Vaterstadt Florenz auf seiten der Guelfen kämpfte, fiel er bei Papst Bonifaz VIII. in Ungnade und wurde als Verbannter für den Rest seiner Jahre zu einem unsteten Leben in der Fremde gezwungen. Vergebens hoffte er auf einen Sieg Kaiser Heinrichs VII., der 1310 über die Alpen nach Süden rückte. Ohne eine Entscheidung herbeigeführt zu haben, starb der Kaiser drei Jahre später.

So blieb dem Dichter der ›Göttlichen Komödie‹ keine andere Genugtuung, als mit seinen Gegnern literarisch abzurechnen. Neben vielen anderen hochgestellten Persönlichkeiten reservierte er seinem Erzfeind Bonifaz einen Platz in der Hölle. In den bitterbösen fünffüßigen Jamben des Höllengesangs legt Dante dem ehemaligen Papst und Bewohner der Unterwelt Nikolaus III. anklagende Worte gegen Bonifaz VIII. in den Mund, der zu dieser

Zeit noch als Petri-Nachfolger lebt. Ämterverkauf wirft er ihm vor, feigen Verrat an seinem Vorgänger Cölestin V. und schnöde Raffgier zum Schaden der ›schönen Braut‹, das heißt der Kirche. In einer alten Übertragung aus dem Jahre 1875 von Karl Witte, dem Begründer und langjährigen Vorsitzenden der deutschen Dante-Gesellschaft, lauten die betreffenden Verse so:

Von seiner Hüfte setzte mich der Meister (Anm.: Sein
  Begleiter Vergil)
Nicht ab, bis wir zur Felsenmündung kamen,
Aus welcher jener mit den Beinen klagte.
Der du das Obre so gekehrt nach unten
Im Boden wie ein Pfahl steckst, traur'ge Seele,
Wer du auch sei'st, vermagst du es, so rede. –
Ich stand gebückt, so wie der Mönch, der Beichte
Dem Meuchler hört, wenn der, schon in der Grube,
Den Tod noch zu verschieben, ihn zurückruft.
Er aber schrie: So bist du schon zur Stelle,
So bist du schon zur Stelle, Bonifazio?
Um mehr als *ein* Jahr log die Prophezeiung.
Bist du so bald gesättigt von dem Gut,
Daß dich die schöne Braut durch Lügenkünste
Zu frei'n bewog und dann sie zu mißhandeln? –

200 Jahre später übte der geniale Michelangelo in der Sixtinischen Kapelle seine Rache auf ähnliche Weise: Am unteren Bildrand des ›Jüngsten Gerichts‹ verbannte er den ihm übel gesonnenen päpstlichen Zeremonienmeister Biagio da Cesena in die Schar der Verdammten und zierte ihn sogar mit Eselsohren.

Von Leo I. zu Urban VIII.

Heilige Päpste und fromme Päpste, Juristen und Politiker auf dem Stuhl Petri, unwürdige Hirten der Schafe Christi, gewiß, aber auch Männer von hohem Geist und großer Kultur – sie alle haben an der Konstruktion jenes Gebäudes mitgewirkt, das heute als Weltkirche bewundert wird. Der englische Politiker und Historiker Thomas Lord Maçaulay of Rothley (1800–1859), ein Liberaler und Anglikaner, also alles andere als ein Freund des Papsttums, drückte Mitte des vergangenen Jahrhunderts seine Hochachtung mit diesen Worten aus: ›Es gibt und gab nie auf dieser Welt ein Werk menschlicher Staatsklugheit, das unseres Studiums so wert wäre wie die katholische Kirche ... Noch sind keine Anzeichen zu erkennen, die darauf hinweisen, daß das Ende der langen Herrschaft gekommen sei. Hier ist der Anfang aller Regierungen, und wir können nicht ausschließen, daß sie nicht auch das Ende von allen erleben wird ... Sie mag noch in ungebrochener Kraft bestehen, wenn sich einst ein Reisender aus Neuseeland mitten in unermeßlicher Zerstörung auf einen geborstenen Pfeiler der Londoner Brücke setzt, um die Ruinen der St. Pauls-Kathedrale zu malen.‹

Ihre Basis, aber auch ihr Überleben in den ersten Jahrhunderten verdankt die Kirche jenen Päpsten, die bereit waren, unter täglichem Einsatz ihres Lebens die christliche Botschaft in die Welt hinauszutragen. Die meisten von ihnen starben zusammen mit vielen tausend Glaubensgenossen während der Verfolgungen, die im Jahre 64 unter Kaiser Nero einsetzten und mit Diokletian und Galerius Anfang des vierten Jahrhunderts ihren furchtbaren Höhepunkt und ihr Ende fanden. Nach Petrus werden im ›Liber Pontificalis‹ 33 Bischöfe von Rom aufgeführt, die dieser Bedrohung ihres Lebens ausgesetzt waren, ehe Kaiser Konstantin im Jahre 313 das Toleranzedikt von Mailand verfaßte und damit eine Entwicklung in die Wege leitete, in deren Verlauf das Christentum Staatsreligion wurde. Der Kaiser selbst erhielt die Taufe erst, bevor er 337 starb. In seinem Mausoleum in Konstantinopel, das er im Gegensatz zum heidnischen Rom zur Residenz seines Reiches gemacht hatte, fand er die letzte Ruhe. Hier wurde Konstantin inmitten von Gedenkstellen für die zwölf Apostel gleichsam als dreizehnter beigesetzt.

Doch mit dem Ende der Verfolgungen durch die römischen Kaiser ist die Not der Christen im Westreich noch lange nicht beendet. Von den Hunnen getrieben, dringen die Westgoten zuerst in den Balkan und dann nach Italien ein. 410 plündern Alarichs Horden die Ewige Stadt. Mitte des Jahrhunderts erscheint Attila, die ›Geißel Gottes‹, auf der Apenninhalbinsel. In dieser Zeit war schon Leo I., der nicht zuletzt durch seine Haltung gegenüber Hunnen und Vandalen den Beinamen ›der Große‹ erhielt, an der Spitze der Kirche. Mit einer kleinen römischen Schar zog er Attila entgegen und traf ihn bei Mantua. Petrus und Paulus in voller Rüstung und mit gezogenem Schwert, so erzählt die Legende, erschienen über seinem Haupt, so daß der Eroberer erschreckt den Rückzug antrat. Raffael hat diese Begegnung in einem dramatischen Bild festgehalten, das heute noch einen Teil der vatikanischen ›Stanza d'Eliodoro‹ schmückt. Wahr ist jedenfalls, daß Leo den Angreifer zur Umkehr bewog. Ebenso erreichte er 455 durch die Kraft seiner Persönlichkeit, daß die Vandalen Rom nicht in Brand steckten und das Volk schonten, wenn sie auch die Stadt bis zum letzten ausraubten.

Durch ihre Berührung mit den Christen auf dem Boden des zerbrechenden römischen Reiches nehmen die Wandervölker allmählich den neuen Glauben an, allerdings in arianischer Form (der Gottessohn wird Gott Vater untergeordnet). Entsprechend der Entscheidung des Konzils von Nicaea, das an der ›Wesenseinheit‹ zwischen Vater und Sohn festhielt, kommt es im Laufe der Zeit zu einer zweiten Bekehrung der Germanen.

Eine zweite Momentaufnahme vom beginnenden Mittelalter zeigt uns Gregor I. (590–604), den zweiten Mann auf dem Thron des Apostelfürsten, der sich den Beinamen ›der Große‹ erwarb. Vor seiner Wahl war er staatlicher Verwaltungsbeamter, floh dann die Welt und wurde Mönch. Gregor organisierte den Widerstand gegen die Invasion der Langobarden, kämpfte gegen Hunger und Armut. Er verhandelte mit den Germanen, verteidigte Rom und brachte endlich den ersehnten Frieden zustande. Das waren alles Aufgaben, die früher der Kaiser zu erfüllen hatte. Zudem war der Papst durch Schenkungen zum größten Grundbesitzer Italiens geworden. Von Sizilien bis zur Adria zog sich sein Land über die ganze Halbinsel.

Doch als ›Knecht der Knechte Gottes‹, so nennt sich auch der heutige Papst noch, verteilte der Mönch auf dem Papstthron seinen

Reichtum unter die Armen. Er gründete Klöster und regte durch sein heiligmäßiges Leben Legendenbildung und die Phantasie der Dichter an. Durch die Evangelisation in Britannien trug er mit dazu bei, daß sich der Schwerpunkt der Geschichte vom Mittelmeerraum nach Norden verschob. ›Die englische Mission‹, schreibt Horst Fuhrmann, ›hatte europäische Folgen. Von der Insel kamen später jene angelsächsischen Missionare, die sich durch eine besondere Anhänglichkeit an Rom auszeichneten und deren reinster und erfolgreichster Repräsentant Bonifatius, der Apostel der Deutschen, gewesen ist. Hier haben Gregors Nachfolger geerntet, was er säte.‹

Der gleichzeitig große und demütige Gregor hatte zunächst nur unbedeutende Nachfolger. Immerhin von herausragender politischer Wirkung war Leo III. (795–816) durch die Krönung Karls des Großen am Weihnachtstag des Jahres 800. Als Außenseiter fühlte sich der vermutlich aus Kleinasien stammende Mann zutiefst unsicher. Das galt besonders nach einem Attentat während einer Bittprozession vom Lateran nach St. Peter, dem er nur mit knapper Not entkam. Deshalb wählte er den Frankenkönig zu seinem Beschützer. Karl schlichtete den Streit Leos mit seinen römischen Gegnern. Zum Dank, aber auch mit staatsmännischem Instinkt krönte der Papst ihn überraschend zum Kaiser, als sich der Franke vom Gebet am Petersgrab zur Messe erhob. Über 300 Jahre nach der Absetzung des Romulus Augustulus durch den germanischen Heerführer Odoaker war das weströmische Kaisertum fast durch einen Staatsstreich zu neuem Leben erweckt worden. Das alternde Byzanz mußte die Demütigung tatenlos hinnehmen.

Später arbeiteten Päpste und weltliche Herrscher nur noch selten so einträchtig zusammen. Nikolaus I. zum Beispiel, den manche Historiker trotz seines späteren Geburtsdatums ›den wahren Gegenspieler Karls des Großen‹ nennen, ging in einem erbitterten Kräftemessen mit Lothar II. (855–869) als Sieger hervor. Der fränkische König, dem Lothringen seinen Namen verdankt, hatte die rechtmäßige Gattin Thietberga verstoßen, weil sie kinderlos geblieben war. Seine Nebenfrau Waldrada, deren Kinder er für die Thronfolge legitimieren wollte, erhob er zur Gemahlin. Ohne Zögern fand Lothar die Unterstützung der beiden angesehensten Prälaten seines Reiches, der Erzbischöfe von Köln und Trier. Sogar päpstliche Legaten nahmen das Vorgehen hin, doch Nikolaus verweigerte seine Zustimmung. Die beiden Bischöfe setzte er ab und exkommunizierte sie. Vor aller Welt wurde die doppelte Rolle des Königs deutlich: Einerseits war er höchster weltlicher Herr, andererseits sündiger Mensch wie der Geringste seiner Untertanen. Selbst als das königliche Heer in Rom einzog, blieb der Papst standhaft, und Lothar gab nach. Auch in späteren Jahrhunderten hielten Kirchenjuristen den päpstlichen Sieg als einen Normfall fest.

Es dauerte über 200 Jahre, ehe die Kirche an ihrer Spitze wieder einen vergleichbar starken Papst sah. Gregor VII. (1073–1085), dem seine Vertrautheit mit dem päpstlichen Hof dazu verhalf, selbst zur höchsten Ehre der Kirche aufzusteigen, empörte mit überhöhten Forderungen schon zu seiner Zeit die Fürstenhäuser ganz Europas. Hier nur einige seiner Leitsätze: Nur der römische Bischof habe das Recht, universal genannt zu werden. Dem Papst sei es erlaubt, Kaiser abzusetzen. Alle Fürsten müßten die Füße des Papstes küssen ... Noch sieben Jahrhunderte später forderte Kaiserin Maria Theresia, wenn auch vergebens, Gregors Namen aus dem römischen Heiligen-Brevier zu streichen. Der Zusammenstoß zwischen Heinrich IV. und dem Papst, der den fränkischen König für abgesetzt und gebannt erklärt hatte, endete 1077 mit einem neuen Sieg des Pontifex: Heinrich ging nach Canossa und erhielt auf sein Bitten die Aufhebung des Kirchenbanns. Drei Jahre später allerdings vertrieb er Gregor aus Rom und ließ sich von einem Gegenpapst zum deutschen Kaiser krönen.

Juristen und listenreiche Machtpolitiker besetzten den Papstthron, doch nur allzu selten fromme Seelenhirten. Cölestin V. war eine Ausnahme und paßte nicht in die römische Landschaft. Der Weg führte zu Bonifaz VIII. (1294–1303), der alle Gläubigen, wie wir schon gesehen haben, ›dem Papsttum unterworfen‹ sehen wollte. Aber gerade am Beispiel dieses Pontifex, der in dem französischen König Philipp IV. den mächtigsten Herrscher seiner Zeit demütigte, zeigt sich die enge Verstrickung des Papsttums mit den kleinkarierten Interessen des römischen Adels: Zwei Todfeinde, Sciarra Colonna aus der vom Papst erbarmungslos verfolgten Familie und Wilhelm von Nogaret, einflußreicher Ratgeber des französischen Königs, stürmten mit einem Trupp Bewaffneter die Sommerresidenz des Bonifaz. Die lange als historisch angesehene ›Ohrfeige von Anagni‹ ist nicht erwiesen, doch nur knapp kam der Pontifex mit dem Leben davon. Einen Monat später starb er als gebrochener Mann.

Als Folge des Humanismus und der aufkommenden Renaissance verliert das Papsttum Mitte des zweiten Jahrtausends viel von seiner Kraft. Die als Reform der Kirche begonnene Tätigkeit Martin Luthers führt nach dem frühen griechischen Schisma zu einer neuen Spaltung der Christenheit. Wenn auch der Reformator selbst in seinem Eifer die Grenzen überschreitet, innerhalb derer eine Versöhnung mit Rom noch möglich wäre, so nutzen die Päpste gewiß nicht alle Chancen, die Einheit der Kirche zu retten. Das Tridentinische Konzil, in dem die Mittelmeerländer das Übergewicht haben, legt entgegen der Lehre Luthers fest, daß nicht nur die Bibel, sondern auch die Fülle der Tradition Quelle des Glaubens sei. Im Gegensatz zum religiösen Individualismus und zum allgemeinen Priestertum aller Gläubigen werden die Schranken zwischen Klerus und Laien noch höher gezogen. Nur der Priester könne die göttlichen Gnaden vermitteln, die Sakramente spenden und die Absolution erteilen. Die von oben gesteuerte Gegenreformation ist angelaufen.

Nicht vergessen werden darf die Rolle der Päpste als Förderer der Kunst und als Bauherren im Zentrum ihres Reiches. Sixtus V. (1585–1590), der mit grausamen Methoden Ordnung geschaffen hatte im Kirchenstaat, feierte seinen Triumph über das Banditenunwesen mit einer fieberhaften Bautätigkeit. Nach der furchtbaren Eroberung der Ewigen Stadt in den Jahren 1527 und 1528, dem berüchtigten ›Sacco di Roma‹ unter Kaiser Karl V., bereicherte er das Zentrum der katholischen Christenheit durch Wasserleitungen, Straßen und Plätze. Brunnen, Paläste und Monumente drängten Antike wie Mittelalter zurück und schmückten Rom mit den Formen des Barock. In jener Zeit wuchsen viele Prunkbauten im Vatikan und im Bereich des Lateran, es entstanden die Sommerresidenz auf dem Quirinal, die Spanische Treppe und die Peterskuppel.

Von der Familie Urbans VIII. (1623–1644) sagte der Volksmund: ›Was die Barbaren stehen ließen, das zerstörten die Barberini.‹ Gemeint war vor allem der Bronzeschmuck in der Vorhalle des Pantheons, der unter diesem Papst eingeschmolzen und zum kunstvollen Baldachin über dem Petersgrab gestaltet wurde. In Urbans Diensten verwandelten die Baumeister Carlo Maderna und Lorenzo Bernini das römische Stadtbild von Grund auf. Sie schufen eine kaum übersehbare Zahl von Kirchen und Baudenkmälern, die heute noch Besucher aus aller Welt anziehen.

Kann der Papst ein guter Christ bleiben?

Der italienische Schriftsteller Ignazio Silone, nach eigener Aussage ›Christ ohne Kirche, Sozialist ohne Partei‹, widmete sich in einem seiner letzten Werke, ›Das Abenteuer eines armen Christen‹ (1968), dem Einsiedler Peter vom Berg Morrone, der 1294 im Alter von 79 Jahren als Cölestin V. zum Papst gewählt wurde und nach wenigen Monaten abdankte. Silones Idee ist es, das Christentum seiner Mythen zu entkleiden und es ›auf seine geistig-moralische Substanz zurückzuführen‹. Hier Auszüge des Gesprächs zwischen Cölestin und Kardinal Benedetto Caetani, der unter dem Namen Bonifaz VIII. seine Nachfolge antrat.

Cölestin: Ich habe den Advent früher immer in Meditation und im Gebet verbracht.
Caetani: Aber jetzt seid Ihr Papst.
Cölestin: Ja, ich habe einsehen müssen, daß es kaum möglich ist, Papst zu sein und dabei ein guter Christ zu bleiben.

Caetani: Der Mensch strebt mehr nach Macht als nach Freiheit und Tugend. Heiligkeit, ich fürchte, Ihr kennt den Menschen nicht.
Cölestin: Wer den Menschen verachtet, ermutigt ihn dazu, verachtenswert zu sein, denn der lasterhafte Mensch rechtfertigt sich, indem er sagt: So ist nun einmal die menschliche Natur, was kann ich dafür? Doch nach der christlichen Lehre ist der Mensch das edelste Wesen der Schöpfung.
Caetani: Nach unserer Lehre wohl, aber wie sieht die Wirklichkeit aus?

CÖLESTIN: Dann stimmt es, daß Reichtum immer noch habgieriger macht. Genügt den Herren Kardinälen denn nicht der Verkauf der Sinekuren?
CAETANI: Wir wollen nicht übertreiben. An diesem Handel mit den Ämtern ist mehr Rauch als Feuer, und es ist schwierig, ihn abzuschaffen. Im übrigen können auch bestechliche Männer von Nutzen sein. Wenn man sie gewähren läßt, können sie ansonsten löblichen Eifer beweisen.
CÖLESTIN: Bei der Verbesserung der Sitten?

CÖLESTIN: Von Geschäften verstehe ich nichts. Ich stamme aus armer Familie.
CAETANI: Ihr habt es gut. Für das Heil der Seele ist Armut ein großes Glück.
CÖLESTIN: Wenn Ihr allen Ernstes die Armut als eine günstige Voraussetzung für das Heil der Seele anseht, warum verzichtet Ihr dann nicht auf Eure Reichtümer?
Der Kardinal sieht den Papst überrascht an, dann fängt er an zu lachen.

Die Kirchenlehrer

Seit den frühen Jahren ist die christliche Kirche, so wie sie im Westen Europas konzipiert, verwaltet und erhalten wurde, immer mehr eine Kirche der Päpste. Für ihr Überleben im Kampf gegen die göttlichen Cäsaren sorgten zunächst einmal die Bischöfe von Rom. Sie verteidigten die Lehre gegen die Gebote heidnischer Herrscher und die Ansprüche ehrgeiziger Monarchen, die selbst für sich in Anspruch nahmen, im Zeichen des Kreuzes zu regieren. Sie überwanden frühe Spaltungen wie den Streit zwischen Arianern und Athanasianern und straften Ketzer, oft mit einer geradezu unchristlichen Strenge. Dabei verstrickten sie sich nicht selten im engmaschigen Netz persönlicher Interessen und kalt berechnender politischer Rücksichten. Allein konnten die römischen Päpste das zerbrechliche Schiff Kirche aber nicht durch die Jahrhunderte steuern, ohne zu scheitern. Zum Glück standen ihnen schon bald gelehrte, fromme Männer zur Seite, die ihnen halfen, den Kurs zu finden für eine dauerhafte Fahrt, darunter die vier Kirchenlehrer.

Nur in Gregor dem Großen, einem Sohn der Ewigen Stadt, vereinigten sich die Qualitäten des Pontifex mit denen eines Kirchenvaters. Wir hörten schon davon, daß er nicht nur ein Muster an Demut und Bescheidenheit war, seinen Gegnern durch Mut und Entschlossenheit imponierte, sondern auch ein Herz hatte für die Armen. Die Legende verbindet sein Gebet mit dem Ende der Pest in Rom, gleich im ersten Jahr seines Pontifikats. Danach trug das römische Grabmal des Kaisers Hadrian den Namen ›Engelsburg‹. Der Todesengel, so hatte es Gregor in einem Traum gesehen, zeigte sich mit dem Kirchenvolk versöhnt und steckte sein gezücktes Schwert wieder in die Scheide. Des Papstes Mildtätigkeit führte nach seinem Tod zu dem Vorwurf, er habe das Vermögen der Kirche verschleudert. Fanatiker versuchten daraufhin, wenn auch vergebens, seine zahlreichen Schriften zu verbrennen.

Die anderen drei Kirchenlehrer der Antike – Ambrosius, Hieronymus und Augustinus – stammten aus Randprovinzen des zerbrochenen Reiches. Ihr segensreiches Wirken für die Kirche aber geschah vor allem im Herzen des alten Imperiums.

Der in Trier als Sohn des obersten Verwaltungsbeamten geborene Ambrosius wird zunächst Statthalter von Oberitalien. Als er den Streit der arianischen und athanasianischen Partei über die Bischofswahl schlichten will, wird der noch nicht Getaufte 374 zum Bischof gewählt. Ein Kind soll seinen Namen aus der Menge heraus gerufen haben. Diese frühe Begebenheit vermittelt einen Eindruck davon, welche Bedeutung die Legende neben der objektiv belegten Geschichte im Christentum hat. Die Legende bemächtigte sich schon der Kindheit des Ambrosius: Ein Bienenschwarm, so erzählt die heilige Überlieferung, träufelt Honig in den Mund des Säuglings und fliegt davon, ohne das Kind zu verletzen. Dem Kirchenvolk gilt diese liebliche Szene als Erklärung für die ›honigsüße Sprache‹ seiner späteren

Schriften, seiner Hymnen und seines Lobgesangs, mit denen er den Aufbau der Liturgie bestimmt und den Kirchengesang einführt.

Eine hervorragende Rolle spielt Ambrosius auch bei der Bekehrung des Augustinus, des in Tagaste (Numidien) geborenen Kirchenvaters. Heute heißt diese Landschaft Algerien. Der Sohn eines heidnischen Vaters und einer christlichen Mutter (Monika) studiert in Karthago die ›Freien Künste‹ und wird eines der Universal-Genies seiner Zeit. Nicht nur Grammatik, Dialektik und Rhetorik nimmt er neben der Philosophie in sich auf, sondern auch Arithmetik, Geometrie, Astronomie und Musik. Ein Bach, Leibniz und Einstein seiner Zeit! In seinen ›Confessiones‹ (Bekenntnissen) schildert er, wie er das Leben mit allen Sinnen liebte und genoß. Eine Bekehrung wie beim Apostel Paulus und später bei Franz von Assisi kündigt sich an.

Als Rhetoriklehrer in Mailand ist Augustinus durch die Predigten des Heiligen Ambrosius tief erschüttert. Er selbst berichtet die viel zitierte Stelle seiner Umkehr: Unter einem Feigenbaum liegend, hört er eine Stimme ›Nimm und lies‹, schlägt das dort liegende Buch der Paulus-Briefe (Römer 13,13) auf ›Laßt uns offen und klar auftreten, wie man es bei Tage tut. Fressereien und Saufereien sind nicht unsere Sache. Ebensowenig heimliche Liebesabenteuer und Ausschweifungen, von denen man nichts wissen darf ...‹ Mit seinem Sohn Diodatus läßt Augustinus sich von Ambrosius taufen, kehrt nach Karthago zurück, wird 391 zum Priester und 394 zum Bischof von Hippo (später Bône) geweiht. 430 stirbt Augustinus während des Vandaleneinfalls.

Von seinem reichen Schrifttum ist außer den ›Bekenntnissen‹ sein ›Gottesstaat‹ (De Civitate Dei) das ganze Mittelalter hindurch illustriert und verbreitet worden. Eine der zahlreichen Legenden zeigt Ambrosius zusammen mit einem Knaben, der am Ufer des Meeres mit einem Löffel Wasser schöpft und in eine Sandgrube gießt. Auf die Frage des Heiligen antwortet das Kind: ›Ich tue, was du tust. Du willst die Unergründlichkeit Gottes mit deinen Gedanken erfassen – ich versuche, das Meer auszuschöpfen.‹

Eine vorwiegend ›evangelische‹ Rolle im Reich der Päpste spielt der 340 in Dalmatien geborene Hieronymus. Seine christlichen Eltern schicken ihn zur Ausbildung nach Rom, wo er sich, nach dem Urteil von Zeitgenossen, ›mehr zu Cicero und Plato hingezogen fühlt als zu den Schriften der Bibel‹. Aber auch dieser verwöhnte und gelehrte junge Mann erlebt seine Bekehrung: Im Traum nimmt ihm ein Engel die Bücher aus der Hand und bringt ihn vor seinen himmlischen Richter. Hieronymus setzt seine Studien fort in Trier und in Aquileia, das ein halbes Jahrhundert später durch Attila zerstört wird. Auf päpstlichen Befehl begibt er sich nach Palästina. In Bethlehem läßt er sich nieder, wo er ein Kloster und eine Schule gründet sowie die Bibel ins Lateinische übersetzt (Vulgata). Vor allem die karolingische Zeit verbindet seinen Namen eng mit der Heiligen Schrift. In der europäischen Kunst ist die Löwenlegende des Hieronymus häufig dargestellt: Ein hinkender Löwe erschreckt die Mönche im Heiligen Land. Hieronymus hingegen nähert sich dem Tier und zieht ihm einen Dorn aus der Tatze. Seitdem dient ihm der Löwe als Haustier. Dürer widmete dem Heiligen seinen Kupferstich ›Hieronymus im Gehäus‹.

Der Heilige Benedikt aus dem umbrischen Norcia (geboren 480 mit seiner Zwillingsschwester Scholastica) wird als Knabe zusammen mit seiner Amme zur Ausbildung nach Rom geschickt. Er stammt aus vornehmer Familie und widmet sich schon früh einem Leben, das der Vollkommenheit des Evangeliums nachstrebt. Als Einsiedler zieht er sich drei Jahre lang in eine Höhle bei Subiaco südlich von Rom zurück, wo ihm der Mönch eines benachbarten Klosters täglich an einem Seil ein Brot herabläßt. Eine Glocke gibt dazu das Zeichen. Auf diese Glocke wirft der Satan eines Tages einen Stein und zerbricht sie. Ohne daß der Heilige Schaden nimmt, begegnet ihm der Teufel auch später in Gestalt eines schwarzen Raben und einer schönen Frau. Um der Versuchung zu entgehen, wälzt sich Benedikt in Dornen. Seine ersten Klostergründungen enden unglücklich. Die mit seiner Strenge unzufriedenen Mönche versuchen sogar, ihn zu ermorden, doch vergiftetes Brot und Giftkelch können dem Heiligen nichts anhaben. In einer Vision sieht er den Tod der Schwester Scholastica, die bei Subiaco ein Kloster gegründet hat. Auch das erst zehn Jahre später liegende Ende des Gotenkönigs Totila steht vor seinem geistigen Auge. Heute noch erinnert das Kloster Montecassino zwischen Rom und Neapel an das Wirken des Ordensgründers. Hier schrieb er die ›Regula Benedicti‹, die grundlegende Regel aller sich von hier aus über ganz Europa ausbreitenden Benediktiner-Klöster.

Den Kirchenlehrern und Ordensgründern des Altertums gesellt sich knapp 800 Jahre später Thomas von Aquin hinzu. Er wurde in Roccasecca (Kampanien) geboren und schon mit fünf Jahren als

Benediktinerklöster in Subiaco

In wilder Felslandschaft über dem Anienetal liegen die auf das sechste Jahrhundert zurückgehenden Klostergründungen Santa Scholastika und ›Sacro Speco‹ (Heilige Höhle), etwa 150 Kilometer östlich von Rom. Drei Jahre lang lebte hier der aus Norcia (Umbrien) stammende Heilige Benedikt als Einsiedler. Einzige Verbindung zur Außenwelt: Ein Mönch läßt für ihn täglich an einem Seil ein Brot herab. Nach vielen Entbehrungen und Versuchungen gründet er für seine wachsende Schülerzahl zwölf neue Klöster. Die strenge Klosterzucht macht ihn verhaßt, so daß die Brüder wiederholt versuchen, ihn zu vergiften. Doch jedesmal rettet ein Wunder ihm das Leben: Der Giftkelch zerbricht; ein anderes Mal entführt sein Rabe das vergiftete Brot. Auf Benedikt geht die Gründung von Montecassino zurück, das im Zweiten Weltkrieg zerstört wurde, inzwischen aber wieder aufgebaut ist. Hier schrieb er die ›Regula Benedicti‹, die grundlegende Regel aller sich über das ganze Abendland ausbreitenden Benediktinerklöster.

›Oblate‹ – das heißt: gottgeweihtes Kind – in das Kloster Montecassino gebracht, später dann zur weiteren Ausbildung nach Neapel geschickt. Dort trat er in den Dominikaner-Orden ein, studierte 1244 bis 1248 in Köln an der neugegründeten Universität bei Albertus Magnus.

Philosophisch-theologische Vorlesungen in Paris und die Abfassung seiner ›Summa Theologiae‹ schließen sich an. Als er 1274 am Konzil in Lyon teilnehmen soll, stirbt er auf dem Weg dorthin im Zisterzienserkloster Fossanova südlich von Rom. Thomas wurde 1323 heiliggesprochen, 1567 zum Kirchenlehrer, 1850 zum Patron aller katholischen Schulen und seine Lehre 1879 zur offiziellen Philosophie der Kirche erklärt.

So intensiv die Mönchsväter in das Leben der katholischen Kirche eingriffen, so klar ist erwiesen, daß viele von ihnen, so wie etwa der Heilige Benedikt, anfangs gar nicht die Absicht hatten, einen Orden zu gründen. Ihnen ging es nicht darum, eine neue rechtliche Struktur zu schaffen. Vielmehr hatten sie zunächst im Sinn, ›den Weg der Gebote‹ zu gehen: Um das ewige Leben zu erlangen, muß man die Gebote halten. Um vollkommen zu sein, muß man auf den Besitz verzichten und das Geld den Armen geben. Heute sind diese Thesen kritisch hinterfragt. Zur gleichen Zeit wie der spanische Rosenkranzstifter Dominikus, dessen Orden viele bedeutende Gelehrte und Prediger hervorbrachte, dann aber eine so unheilvolle Rolle spielte im Dienst der Inquisition, griff Franz von Assisi, der Sohn eines reichen Tuchhändlers, revolutionär in das Leben der Kirche ein. Er gab den Laien durch die Gründung des ›Dritten Ordens‹ ein neues Gewicht und verschaffte sich sogar bei den ›Ungläubigen‹ mit außergewöhnlichem Mut Ansehen und Hochachtung. Die Klugheit der Kirche führte dazu, daß sie einen so mächtigen Eiferer des Glaubens annahm und nicht verstieß.

Italienische und deutsche Heilige

Unter dem Pseudonym Curzio Malaparte (1898–1957) hat sich der polemische toskanische Journalist und Schriftsteller Kurt Suckert in seinem Buch ›Verflixte Italiener‹ auch über die Religion seiner Landsleute Gedanken gemacht. In einer für ihn typischen, krassen Manier stellt er die italienischen und die deutschen Heiligen einander gegenüber, wobei er die entscheidende boshafte Aussage, allein schon stilistisch herausfordernd, in einem einzigen Satz unterbringt:

Und während die italienischen Heiligen, wenn sie niederknien, den Boden kaum zu berühren scheinen, so leicht sind sie und so viel Rücksicht nehmen sie auf die Erde, die mehr den armen Leuten gehört, als daß sie Gottes Sache ist, haben die deutschen Heiligen so füllige Bäuche und ausladende Hinterbacken, daß sie beim Niederknien sich auf den Bauch zu setzen scheinen. Wo die italienischen Heiligen zum Sünder mit Milde sprechen, fast als wollten sie ihn seiner Sünden halber um Vergebung bitten, und mit leiser, weicher, liebevoller Stimme reden, um ihn nicht zu ängstigen oder damit er nicht glaubt, sie hätten etwas gegen ihn und daß sie ihm seine Sünden zum Vorwurf machten und daß sie ihn aburteilen wollten (wo doch das größte Unrecht, welches ein Christenmensch einem anderen antun kann und sich selbst, kein anderes ist, als über ihn das Urteil zu sprechen), sondern ihn lächelnd anhören, mit leicht zurückgeneigtem Kopf, und ihn trösten, ihn aufrichten, ihm Mut und Hoffnung geben, sei dieser Sünder auch der verworfenste der Mörder, und nicht von der Hölle sprechen, um ihm nicht Angst zu machen und ihn in die Sünde zurückzustoßen, sondern vom Paradies, das eine Insel ist, wohin nur zu gelangen vermag, wer schwimmen kann, und ihn fragen, ob er schwimmen gelernt hat, und ihm sagen, er solle den Mut nicht verlieren, denn schwimmen werden sie ihn selbst lehren, und wenn die Strecke lang ist und der Sünder es nicht schafft, ihm sagen, daß sie ihn lehren werden zu fliegen, da erheben sich die deutschen Heiligen schreiend vor dem Sünder, wie Türme, und lassen sich über ihm zusammenstürzen, ihn zu zermalmen (was ganz ein deutscher Zug an ihnen ist, einen Turm einstürzen zu lassen, um einen armseligen Wurm zu zermalmen), und sie schreien und schmähen ihn so gräßlich, daß du die Stimme dieser Heiligen noch an den Ufern der Seine hörst und an den Gestaden der lombardischen Seen und daß sie die Fische im Wasser erzittern läßt.

Der fröhliche Heilige aus Assisi

Die Spitze der nun schon fast zweitausend Jahre alten Kirche mußte vor allem darauf bedacht sein, der immer größer werdenden Gemeinschaft ein festes Gefüge zu geben. Päpste, Konzilien und Kirchenhierarchie schufen durch Beschlüsse, Dogmen und unwiderrufliche Urteile den Knochenbau des komplizierten Organismus, der ja seinem Wesen nach aus dem Geist lebt. Für Bewegung, manchmal sogar für einen bedrohlichen Fluß der Dinge, sorgte das Kirchenvolk, sorgten genauer gesagt: die Menschen, die aus dem Volk hervorgingen. Sprechen wir noch einmal von diesem konsequenten Christen, diesem Heiligen, diesem Revolutionär Franz aus der kleinen umbrischen Stadt Assisi. Sprechen wir von der Lawine, die er im 13. Jahrhundert losgetreten hat und die bis zum heutigen Tag noch nicht zum Stillstand gekommen ist.

Die Zeit, in der Francesco Bernardone, Sohn eines reichen Vaters, in Assisi lebte, machte der Kirche viel Kopfzerbrechen. Schlaff geworden war die Idee der hundert Jahre zuvor begonnenen Kreuzzüge. Wanderprediger zogen durchs Land. Basis-Christen, so würden wir heute sagen, experimentierten neuartiges Gemeinschaftsleben, um den Willen des Herrn Jesus Christus besser zu erfüllen. Das alles sollte den Mächtigen in Rom zunächst einmal recht sein. Was konnte dem Papst, was der Kurie Besseres passieren, als daß die Christen sich

Basilika S. Francesco in Assisi

Eine eindeutige Baugeschichte von S. Francesco kann heute nicht mehr rekonstruiert werden. Im Juli 1228 hatte Papst Gregor IX. im Anschluß an die Heiligsprechung des Ordensgründers Franziskus den Grundstein zur Grabeskirche gelegt. Aus alten Glockeninschriften, die uns erhalten geblieben sind, geht hervor, daß 1239 der Turm der Unterkirche schon stand. Die Einweihung der Oberkirche (unser Bild) erfolgte 1253. Die Idee, eine Doppelkirche zu errichten, kann dem damaligen Generalminister in Kenntnis ähnlicher Bauten im Heiligen Land gekommen sein. In beiden Kirchen haben Cimabue und der jüngere Giotto, der ›Befreier‹ der Malerei, bedeutende Werke hinterlassen. Der berühmten Madonnendarstellung des letzten großen byzantinischen Künstlers Cimabue in der Unterkirche steht das faszinierende Gemälde Giottos in der Oberkirche gegenüber, das eine Szene von kirchenpolitischer Bedeutung festhält: Franziskus erscheint Papst Innozenz III. im Traum, wie er die Kirche mit starker Schulter stützt.

dem Evangelium zuwenden? Doch mit den neuen Bewegungen verbunden war oft herbe Kritik an der anstößigen Lebensführung der offiziellen Kirchenvertreter. Und immer wieder wagten die Neuerer, die Lehren der katholischen Kirche einzuschränken, zu mißachten.

Die aus dem Osten Europas kommenden Katharer verwirrten die Geister. Für sie war Gottes Schöpfung nicht mehr Gegenstand der Freude und des Frohlockens. Sie nannten die materielle Welt ›ein Werk des bösen Gegen-Gottes‹, also des Teufels und ›eine gefährliche Versuchung für das Heil der Menschen‹. Die in Italien sehr verbreiteten Katharer bestritten, daß der Sohn Gottes wirklicher Mensch aus Fleisch und Blut gewesen war. Er habe als Geistwesen nur zum Schein ein Menschenleben geführt. So seien die Menschen auch nur zum Schein erlöst. Aus der Katharer Lehre wuchs ihre Ablehnung von Sakramenten, Ehe und Eid. Erst nach einer harten Auseinandersetzung mit der Kirche, nach Krieg und Inquisition gelang es Rom, diese Sekte ohne jedes Erbarmen zu vernichten.

Fast ebenso hart bekämpfte die katholische Kirche die Laienbewegung des Petrus Valdes, dreieinhalb Jahrhunderte vor Martin Luther. Die Waldenser, die aus Frankreich kamen und trotz blutiger Verfolgungen im Norden Italiens überlebten, hatten die Grundidee, Christus in Armut und im Bekenntnis nachzufolgen. Nur drei Sakramente erkannten sie an: Taufe, Abendmahl und Buße. Sie lehnten Eid, Kriegsdienst, Todesstrafe, Ablaß und Fegfeuer ab. Vor allem aber, weil sie sich gegen das Amtspriestertum wandten und für das ›Priestertum aller Gläubigen‹ eintraten, machten sie sich Rom zum Feind. Nach wechselvoller Geschichte gelang es einem kleinen Teil der Waldenser, in schwer zugänglichen Tälern des Piemont zu überleben. Heute sind sie der harte Kern der Protestanten in Italien, weniger bereit als alle anderen evangelischen Kirchen, mit dem römischen Papst Frieden zu schließen.

Anders Franziskus! Nach seinen gedankenlosen Jugendjahren, in denen er sich hauptsächlich damit beschäftigte, das Geld des reichen Vaters durchzubringen, der sogar vor dem Bischof von Assisi Klage gegen ihn erhob, verwandelten ihn schmerzliche Erfahrungen mit Krieg und Krankheit in einen radikalen Christen. In der ›Torheit des Kreuzes‹ muten seine Leitsätze heute an wie die Parolen bürgerferner Utopisten: Leben in kompromißloser Armut und Anspruchslosigkeit, Hinwendung zu den Leidenden, Friedensapostolat. Nicht übernatürliche, mystische Ereignisse hatten Franz auf diesen Weg gebracht, sondern seine Begegnung mit Jesus in der konkreten Gestalt der Aussätzigen, die er wenige Jahre zuvor noch verabscheut hatte. Doch der Sohn des begüterten Tuchhändlers gab sich nicht damit zufrieden, nach eigenem Kopf dem gekreuzigten Christus zu folgen. Das Prinzip der Demut nahm er so ernst, daß er vor jeder endgültigen Entscheidung ›den Herrn Papst‹ um Bestätigung bat. Auf diese Weise vermied er eine weitere Spaltung der Kirche.

Trotzdem behielt die Bewegung des ›poverello‹, des armen Mannes von Assisi, ihre Sprengkraft. Als die Zahl der Brüder, die Franziskus nachfolgten, auf acht gestiegen war, sandte er sie Zwei und Zwei in die verschiedenen Himmelsrichtungen aus, um ›die Botschaft vom Frieden und von der Buße‹ zu verkündigen. Dieser erste, spontane Versuch, nach dem Willen Christi zu leben, hatte eine gefährliche Richtung. Unbefugte Wanderpredigt von Laien war in der Kirche nach den bitteren Erfahrungen mit zahlreichen ›Ketzergruppen‹ ein höchst verdächtiges Beginnen. Franz und seine Brüder lebten zu Anfang ihres Wirkens am Rande der Legalität.

Schon als sich zwölf Brüder dem Mann aus Assisi angeschlossen hatten, machte sich dieser nach Rom auf und erbat die Genehmigung seines Vorhabens, ›zu dem er hauptsächlich Worte des Heiligen Evangeliums benutzte‹, so erinnert sich ein Zeitgenosse. Innozenz III. entsprach dem Wunsch des Franziskus. Nach der Legende folgte er damit einem Traum, der ihm den Heiligen zeigte, als er die vom Einsturz bedrohte Lateran-Basilika mit seinen Schultern stützte. In der Kirchentradition gilt dieses Gesicht als Beweis dafür, daß der ›Revolutionär‹ Franz zu jeder Zeit seines Wirkens im Dienst der Kirche stand. Weil die Predigt nur Klerikern vorbehalten war, erteilte der Papst der kleinen Schar von Radikal-Christen sogar die Tonsur und ließ Franziskus selbst zum Diakon weihen.

Der schwache Punkt der franziskanischen Bewegung war die mangelnde Organisation einer großen Zahl ihrer Mitglieder. Als der Heilige sich für einige Jahre nach Palästina begab, versuchte er, den Sultan Melek el Kamel zu bekehren. Das gelang ihm zwar nicht, doch im Gegensatz zur offiziellen Haltung der Kirche seiner Zeit wagte er eine christliche Alternative zur Kreuzzugsidee, die ja Waffen, Kampf und Vernichtung des Glaubensgegners zum Inhalt hatte. Die Überzeugung des Franz, mit Andersdenkenden müsse ein Gespräch gesucht werden, scheint unserem Jahrhundert näher zu sein als der Zeit, in der er lebte.

Derweil geriet der Orden in große Not. Keine Regel sagte den zurückgebliebenen Brüdern, welchen Weg sie verfolgen sollten. Zum Glück für sein Werk brachte Franziskus aus dem Morgenland erfahrene Brüder mit nach Hause, die die organisatorische Basis seiner Gemeinschaft festigten. Das Leben der Armut in Fröhlichkeit trieb zur Zeit des ›poverello‹ gerade die Laien zum Dienst der Nachfolge Christi. Um das Jahr 1300, über 70 Jahre nach dem Tod des Franziskus, schätzte man die Zahl der Brüder auf 40000. Später entschloß sich der Orden, nur noch Priester an die Spitze zu wählen. Der Einfluß der nicht geweihten Christen, die ihre Kraft wie der Heilige selbst nicht aus dem Wissen, sondern aus dem kindlichen Glauben schöpften, war zurückgedrängt.

Die Figur des Mannes aus Assisi zwischen gedankenlosen Gewohnheitschristen, Ordensgründern, Kreuzfahrern, Päpsten, Heiligen und Wanderpredigern ist so umfassend, daß sie Berührung hat mit beinahe allen Gestalten der römischen Weltkirche. Sie gehört zu den Gottesgaben, die der konfliktgefährdeten Gemeinschaft der Getauften Halt verschafften in den bedrohlichen Stürmen der Geschichte. Zugleich sorgte er für Erneuerung unter dem Kirchendach. Dieser seltene Christ, der zwar nicht bereit ist, faule Kompromisse zu schließen, sich aber doch fügt, weil er um der Einheit willen ›den Füßen dieser Heiligen Kirche untertan‹ sein will, steht beispielhaft für alle Heiligen. Die Heiligen aber schmücken den großen, dicht gewebten Teppich der kirchlichen Tradition mit bunten, teils bizarren Einzelbildern, die den Menschen durch ihre Ausstrahlung zum Glauben verhelfen sollen.

Die ersten Zeugen des Glaubens waren vor allen anderen die Päpste der ersten Jahrhunderte, die ihr Leben gaben, um die Botschaft des Gottessohnes ohne Furcht in die Welt zu tragen. Doch nicht nur sie waren Märtyrer, sondern viele andere Christen der frühen Zeit, deren Bekenntnis gegen die Gott-Kaiser Roms oft gleichbedeutend war mit einem qualvollen Tod. Diese ersten Heiligen sind nur sehr bedingt Gegenstand der Geschichte. Vor allem tauchen sie in frommen Legenden auf, in denen der Glauben immer die Oberhand behält über die Mächtigen dieser Welt, in denen das reine Herz mehr wiegt als Kaiserkrone und Moral der Zeit.

So weit die katholische Kirche sich ausdehnte in der alten und der neuen Welt, wuchs sie nicht nur in der Lehre der Theologen und im Klima weltweiter Konzilien. Die Heiligen verhalfen ihr zu einem Höhenflug, der sich nicht mit protestantischer Distanz erklären läßt. Allein schon der Kalender der kaum zu zählenden kanonisierten Christen verrät Fülle und menschliche Vielfalt. Berühmte Namen wie Katharina, Johannes, Antonius, Franz, Gregor und Agnes sind den Gläubigen doppelt, dreifach, vierfach zur Verehrung empfohlen. Ja, die Volksfrömmigkeit schäumt über. Sie steigert die Zuneigung zu Schutzpatronen und Ortsheiligen oft bis an den Rand der Anbetung, die nach der Lehre der Kirche nur dem Dreieinigen Gott vorbehalten ist.

Als Papst Paul VI. am Ende seines Pontifikats den Kalender der Heiligen auszudünnen versuchte, als er alle Namen streichen wollte, die in der Heiligengeschichte keine dokumentarische Bestätigung gefunden hatten, erhob sich ein Sturm unter dem Kirchenvolk. Vor allem die Anrainer des Mittelmeers waren entschlossen, die Tradition ohne Rücksicht auf Geschichtsbücher zu verteidigen. Was, die Neapolitaner sollten ›San Gennaro‹ nicht mehr anrufen dürfen? Sie sollten ihn nicht mehr um Hilfe bitten bei Krankheit, häuslichen Sorgen oder zur Unterstützung der städtischen Fußballmannschaft? Der unter Diokletian enthauptete Bischof Januarius von Benevent, dessen Blut sich angeblich jedes Jahr im Dom der Millionenstadt am Golf verflüssigt, zählte nicht mehr zu den ›echten‹ Heiligen? Die Empörung der Südländer war so furios, daß Rom in diesem und vielen anderen Fällen eine örtliche Verehrung weiterhin gestattete.

Wer kennt schon mit geschichtlicher Genauigkeit die Heldentaten der vielen frühen Christen, die nach alten Lehren der Kirche die Zuneigung des Volkes genießen? Wer nennt die Marter der Heiligen Barbara? Wer deutet Schwert, Buch und Krone der Heiligen Cäcilia aus den Calixtus-Katakomben? Wer schildert die Leiden der Heiligen Katharina von Alexandrien, der geräderten? Wer belegt das Martyrium von St. Laurentius, der gegen den Befehl von Kaiser Valerian den Kirchenschatz verkauft und das Geld den Armen gibt? Wer garantiert den Wahrheitsgehalt dessen, was von der stolzen Römerin Agnes erzählt wird? Ihre langen Locken hüllten sie ein wie ein dichter Mantel, als ein mißgünstiger Richter wagte, sie in ein Freudenhaus bringen zu lassen. Wer vereinigt die fünf Leben Georgs, der dem fürchterlichen Drachen trotzte? Wer anders als die Legende, die von Generation zu Generation weitererzählt wird! In der Sammlung ›Legenda aurea‹ stellt Jacobus a Voragine, Erzbischof von Genua, Ende des 13. Jahrhunderts die ihm bekannten Heiligen-Erzählungen in aller Ausführlichkeit zusammen.

Petersilie bei Nacht

Um den schon zwei Jahre nach seinem Tod heiliggesprochenen Franz von Assisi ranken sich zahlreiche Legenden. Die anonyme Sammlung ›Blümlein des Heiligen Franziskus‹ schildert auf treffliche Weise Sanftmut und tiefen Glauben des frommen Mannes, dessen Geist wesentlicher Bestandteil der Kirchentradition geworden ist. Hier zwei Beispiele:

Franziskus zog zur Einsiedelei bei Rocca di Bricio, um zu predigen. Unter den Leuten war ein armer, kranker Mann, dessen Anblick das Mitleid des Heiligen weckte. ›Mag sein, daß er arm ist‹, meinte ein Mitbruder geringschätzig, ›aber in der ganzen Gemeinde gibt es keinen gierigeren Menschen als ihn.‹ Franz überhäufte den Redenden mit Vorwürfen und forderte ihn auf, Buße zu tun: Nackt müsse er sich vor dem Armen niederwerfen und ihn um Vergebung bitten. Als der Bruder das getan hatte, belehrte Franziskus ihn: ›Du sollst wissen, daß du dich nicht gegen ihn versündigt hast, sondern gegen Christus, der all unsere Armut und Krankheit getragen hat.‹

Als Franziskus schon vom Tode gezeichnet war, rief er nahe bei Assisi die Brüder zu sich und sprach: ›Ich will mich stärken. Hätte ich nur ein Sträußlein Petersilie, ich wollte es mit etwas Brot essen.‹ Der Bruder, der die Küche versorgte, wollte nicht in den fin-

stern, abgeernteten Garten gehen, doch Franz ermunterte ihn: ›Das erste Kraut, das du berührst, bring mir her.‹ Als der Koch zurückkam, hielt er lauter Unkraut in der Hand. Doch inmitten des Straußes fanden sich ein paar Blättchen Petersilie. Da lächelte der Heilige: ›Habt mehr Vertrauen und laßt mich doch meine Lehren nicht so oft wiederholen.‹

Das Ende des Kirchenstaates

Die Reformation hatte viele Millionen Europäer aus der römischen Kirche entfernt. Die Entdeckung neuer Erdteile führte zur Erweiterung des geographischen Horizonts, und endlich sahen sich die Päpste sogar den Vertretern einer neuen ›Kirche‹ gegenüber: der Aufklärung. Fortschreitende Säkularisierung in allen Lebensbereichen trieb viele Menschen dazu, sich von christlicher Offenbarung und Tradition abzuwenden. ›Ecrasez l'infâme‹ (zerschmettert die verruchte Kirche), mit diesem Schlachtruf unterzeichnete Voltaire seine Briefe. Erschreckt von dem drohenden Zeitgeist, beschloß Papst Clemens XIV. 1773, den Jesuitenorden aufzuheben. Ausgerechnet die in der Mitte des 16. Jahrhunderts geschaffene ›Societas Jesu‹, die Papstgehorsam vor Ordensgehorsam stellte, wurde vom Nachfolger Petri ins Abseits gestellt! Warum der Pontifex diese Entscheidung getroffen hatte, lag aber klar auf der Hand: Die absolutistischen Staaten ganz Europas hatten die Jesuiten als Störenfriede empfunden.

Endlich verhalf die Revolution 1789 dem Geist der Aufklärung zum Sieg. Über dem Altar schwebte nun die Göttin der Vernunft, und ein neuer Kalender schaffte die christliche Zeitrechnung ab. Freiheits- und Gleichheitsapostel sagten nicht nur dem weltlichen Feudalismus den Kampf an, sondern auch dem Papsttum. Pius VI., der für den ermordeten König Ludwig XVI. einen Trauergottesdienst gehalten und auch sonst den neuen Herren harten Widerstand entgegengesetzt hatte, bezahlte seine konsequente Haltung teuer. Nachdem er sich geweigert hatte zurückzutreten, schickte der Revolutionsgeneral Bonaparte den 83jährigen in die Gefangenschaft: über Siena, Florenz, Parma, Turin und Grenoble brachte man ihn bis nach Valence im Rhônetal, wo der Tod den standhaften Pius erlöste.

Doch erreicht hatte der Korse nicht viel. Auf Pius folgte ein neuer Pius. Die Kirche dachte nicht daran, sich den veränderten Zeiten zu beugen. Aber der neue Herrscher Frankreichs und bald Europas verstand es, das Ansehen des Papstes politisch zu nutzen. Zur Krönung bestellte der Korse Pius VII. nach Paris, wo Napoleon am 2. Dezember 1804 in Notre Dame Salbung und Segen empfing. Die Krone setzte sich der Kaiser selber aufs Haupt zum Zeichen seiner Machtvollkommenheit. Der Kirchenstaat schrumpfte erheblich in der Zeit bis 1813, doch das Ansehen der Päpste, die vom Glanz des Martyriums überstrahlt erschienen, war gewachsen. Das änderte sich erst wieder unter Leo XII., der mit drakonischen Strafen gegen die ›Carbonari‹ und andere Geheimgesellschaften vorging, die ihrerseits Italien zur staatlichen Einheit und zur Unabhängigkeit verhelfen wollten.

Der nun folgende Pius IX., mit einer Amtszeit von 32 Jahren der am längsten regierende Papst seit Petrus, erwarb sich zunächst den Ruf, milde und liberal zu sein. Eine Amnestie und segensreiche Reformen schienen diese Erwartungen zu bestätigen. Ja, viele Bürger des rückständigen Kirchenstaates hofften sogar, Pius werde sich an die Spitze der nationalen Bewegung stellen. Es war so, als wäre die Revolution südlich der Alpen plötzlich zum Durchbruch gekommen. Doch mit Rücksicht auf sein weltweites Petrusamt weigerte sich ›Pio nono‹, gegen den katholischen Kaiser von Österreich und seine Besatzungstruppen in Oberitalien Krieg zu führen. Daß er sich damit der nationalen Sache versagte, verziehen ihm die Patrioten nie. Sie machten Pius für die Niederlage der italienischen Truppen gegen den Feldmarschall Radetzky verantwortlich, erzwangen in Rom die Bildung einer demokratischen Regierung und trieben den Papst zur Flucht nach Gaeta. Mit der Besetzung des Kirchenstaats durch französische, österreichische, spanische und neapolitanische Truppen konnte die italienische Einigungsbewegung allerdings nur aufgeschoben, nicht aufgehalten werden.

Noch ehe das irdische Reich der Päpste endgültig zerbrochen war, überrascht Pius IX. die Welt mit seinem Dogma von der Unbefleckten Empfängnis Mariens (1854). Zehn Jahre später wendet sich der Papst gegen ein ganzes Bündel von ›falschen Lehren‹, welche die katholische Kirche aus dem öffentlichen Leben zu verdrängen drohen: Pantheismus, Naturalismus, Materialismus, Rationalismus, Sozialismus, Kommunismus und Liberalismus. Der sogenannte Syllabus ist ein Verzeichnis von nicht weniger als achtzig ›hauptsächlichen Irrtümern unserer Zeit‹, ohne daß der Pontifex sich die Mühe gemacht hätte, den einzelnen Fragen analytisch nachzugehen. Seine Gegner sahen in dieser Liste einen ›radikalen Rückschritt ins Mittelalter‹, und selbst viele Katholiken, die sich eine Emanzipation aus den Fesseln überholter Lebensordnung wünschten, wurden irre an ihrer Kirche.

Die Stimmung unter der aufgeschlossenen Bevölkerung Roms und anderer Teile des Kirchenstaates schildert der preußische Legationssekretär Kurd von Schlözer in seinen vielgelesenen ›Römischen Briefen‹ mit folgenden Worten: ›Die römische Frage ist in ein Stadium getreten, wo der Einfluß des Auslandes aufhört; man gibt sich auch weder in London noch in Paris noch in Wien irgendwelche Mühe, darüber nachzudenken, sondern fragt einfach, was in Rom selbst geschehen wird. Die guten Ratschläge, die man der hohen Kurie gab, sind verstummt; die Franzosen ziehen ab; an eine Vereinigung einzelner Großmächte zur Vermittlung glaube ich nicht; die Theorie der Interventionen ist einstweilen ad acta gelegt, da jede Macht genug bei sich zu Hause zu tun hat ... Im Vatikan geschieht inzwischen gar nichts. Man spricht von Vorbereitungen zur Flucht des Papstes; dann wäre ich nur neugierig, wohin er sich wenden will. Und wenn der alte Herr wirklich auf Reisen ginge – es wäre ein schwerer Schlag für das Papsttum.‹

Das 20. Ökumenische Konzil im Jahre 1869/70, das erste innerhalb der Mauern des Vatikans, brachte ein Ergebnis, das nach dem Wunsch Pius IX. von vornherein feststand: das Dogma von der Unfehlbarkeit des Papstes. Unter den Katholiken Frankreichs und Deutschlands löste schon die Ankündigung dieses Lehrsatzes große Erregung aus. Befürchtungen wurden laut, jetzt werde ›alle geistige Bewegung und wissenschaftliche Tätigkeit in der katholischen Kirche lahmgelegt‹. Die Gefahr ultramontaner Enge war nicht zu übersehen. An sich enthielt die Lehre nichts grundsätzlich Neues. Doch ihre Formulierung zu diesem Zeitpunkt mußte allen geistig aufgeschlossenen Menschen als eine gewollte Herausforderung erscheinen. Wörtlich legte das

Konzil fest: ›daß der römische Papst, wenn er in Ausübung seines Amtes als Hirte und Lehrer aller Christen kraft seiner höchsten apostolischen Gewalt eine von der ganzen Kirche festzuhaltende, den Glauben oder die Sitten betreffende Lehre endgültig entscheidet, er vermöge des ihm im heiligen Petrus verheißenen göttlichen Beistandes jene Unfehlbarkeit besitzt, mit welcher der göttliche Erlöser seine Kirche bei Entscheidung von Glaubens- und Sittenlehren ausgestattet sehen wollte‹.

Nach Angabe eines Zeitgenossen sagte der Pontifex von sich selber: ›Ehe ich Papst war, glaubte ich an die Unfehlbarkeit. Jetzt fühle ich sie.‹ Alle deutschen liberalen Katholiken, die das Dogma verwarfen, fanden kurz vor Beginn des Konzils in dem Münchener Professor Ignaz von Döllinger einen kompetenten Sprecher. Doch obwohl dieser Nestor der katholischen Kirchengeschichtsforschung sein ganzes Gewicht in die Waagschale warf, unterlagen die Infallibilitäts-Gegner in Rom eindeutig: 535 Bischöfe und Prälaten, die meisten von ihnen kamen aus Spanien und Italien, schlugen sich auf die Seite des Papstes. Die Gegner waren schon vor dem Ende des Konzils mit allerhöchster Genehmigung abgereist. Doch nur wenige von ihnen gingen als Altkatholiken endgültig in die Opposition zu Rom. ›Als wenige Wochen später die weltliche Herrschaft des Papstes zusammenbrach‹, schreibt in seiner ›Kleinen Papstgeschichte‹ der Historiker und Journalist Albert Wucher, ›stand seine päpstliche Autorität umso fester.‹

Ungehemmt von den geistlichen Machtansprüchen Roms, bewegte sich die Politik auf der in Aufruhr geratenen Apenninhalbinsel: Viktor Emanuel II. hatte bis 1866 als König von Piemont alle Teile Italiens vereint außer der Hauptstadt Rom. Dabei handelte er im Einvernehmen mit liberalen Politikern, wie Mazzini und Cavour, und mit Hilfe des republikanischen Freiheitskämpfers Garibaldi. Noch 1868 ließ Pius IX. zwei revolutionäre Kämpfer für die Einheit des Landes – heute würden wir sie ›Terroristen‹ nennen – auf der römischen Piazza del Popolo öffentlich enthaupten. Weniger als zwei Jahre später, am 20. September 1870, stürmten Bersaglieri, die Elitesoldaten der piemontesischen Könige, die historische Porta Pia und machten damit dem Kirchenstaat ein Ende. Das dem Schutz des Papstes dienende Expeditionskorps Napoleons III. hatte sich kurz vorher zum Schutz der eigenen Hauptstadt gegen den Angriff der preußischen Truppen

Porta Pia

Dieses letzte architektonische Werk Michelangelos, im Auftrag von Papst Pius IV. gebaut, zeigt überwiegend lineare Formen und ist von einem Turm überragt mit dem Wappen des Papstes. Für die Geschichte Italiens ist dieses Bauwerk bedeutsam, weil den Elitetruppen Viktor Emanuels am 20. September 1870 hier der Einbruch in die Stadt gelang. Kurz zuvor hatte Napoleon III. das zum Schutz des Papstes dienende Expeditionskorps zurückgezogen, weil seine eigene Hauptstadt von den Preußen bedroht war. Auf päpstlicher Seite fielen 16 Mann, darunter sechs Römer und zehn Soldaten einer Berbertruppe. Die Angaben über die Verluste der Italiener schwanken zwischen 21 und 32 Toten. Zu Ehren des namenlosen Bersagliere, der als erster den Boden Roms betrat, wurde vor dem Tor ein Denkmal errichtet. In fast allen römischen Städten erinnert heute noch eine ›Via XX Settembre‹ an die Erstürmung der Porta Pia, die dem Kirchenstaat ein Ende machte. Die Päpste zogen sich fast ein halbes Jahrhundert lang gekränkt in den Vatikan zurück.

von Rom zurückgezogen. Auf päpstlicher Seite fielen 16 Mann, darunter sechs Römer und zehn Zuaven (Mitglieder einer französischen Berbertruppe). Die Angaben über die Verluste der italienischen Seite schwanken zwischen 21 und 32 Toten.

Dem Papst des Unfehlbarkeitsdogmas ist es offenbar nie klar geworden, daß ihn das ›Risorgimento‹, die Einigung Italiens, von einer schweren Last befreit hatte, die seiner Aufgabe als Seelenhirte der Weltkirche von Jahr zu Jahr hinderlicher wurde. Ein Papst, in dessen Namen Todesurteile vollstreckt werden und der listenreich in die Politik eingreift, um mit den Mächtigen dieser Welt Schritt halten zu können, verliert nach dem Mittelalter die Achtung der wahren Christen, deren Weg von der Heiligen Schrift und der Kirchentradition bestimmt ist. Kirchenhistoriker haben bald die Frage aufgeworfen, ob Pius IX. im vollen Besitz seiner geistigen Kräfte war, als er gegen eine starke Opposition das Dogma vom päpstlichen Primat erzwang. ›War Pius IX. zur Zeit des Konzils noch voll zurechnungsfähig?‹ fragte der Schweizer Prälat und Papstkritiker August Bernhard Hasler in seinem Buch ›Wie der Papst unfehlbar wurde‹. Objektiv steht wohl fest, daß der Pius im zweiten und dritten Jahrzehnt seiner Amtszeit unter epileptischen Anfällen gelitten hat und zuweilen von einem übersteigerten Selbstgefühl durchdrungen war.

Gregorovius notiert 1870 in seinem Tagebuch, der Papst habe jüngst seine Unfehlbarkeit ausprobieren wollen. Auf einem Spaziergang sei er einem Gelähmten begegnet und habe ihm zugerufen: ›Erhebe dich und wandele.‹ Der arme Teufel versuchte es und brach zusammen. ›Dies hat den Vicegott sehr verstimmt‹, fügt der Preuße spöttisch hinzu. Aus eigener Entscheidung blieben Pius IX. und seine unmittelbaren Nachfolger fast sechs Jahrzehnte lang wie Gefangene im Vatikan, um auf das Unrecht aufmerksam zu machen, das ihnen durch die Machtübernahme der piemontesischen Könige widerfahren war. Doch die Welt entwickelte sich weiter und ging über die entmachteten Monarchen auf dem Stuhle des Petrus hinweg, die aber gerade durch ihren Verlust großes internationales Gewicht gewannen.

Keine Post für Verdi Giuseppe

Besonders in den letzten Jahrzehnten seines Bestehens galt der Kirchenstaat als träge, ineffizient und rückständig. Dazu eine Anekdote aus dem Jahre 1853:

Der Komponist Giuseppe Verdi war im Winter nach Rom gekommen, um der Premiere seiner Oper ›Il trovatore‹ (Der Troubadour) beizuwohnen. Fast jeden Morgen begab er sich zum päpstlichen Postamt, das sich damals im Hofe des Palazzo Madama befand, wo heute der Senat, die zweite Kammer des Parlaments, untergebracht ist.

Pünktlich um 9 Uhr findet der Maestro alle Schalter geschlossen. Zorn steigt in ihm auf. Erst eine halbe Stunde später öffnet ein verschlafener Beamter sein Türchen. Verdi nennt seinen Namen, zieht dann die schön verzierte, goldene Uhr aus der Tasche und hält sie dem Mann unter die Nase: ›Wissen Sie nicht, daß es schon halb zehn ist?‹

Mit römischem Phlegma nuschelt der: ›Danken Sie dem lieben Gott, daß überhaupt einer gekommen ist.‹ Nach einer kurzen Kontrolle murmelt der Beamte: ›Keine Post für Verdi Giuseppe‹, und dreht dem Musiker den Rücken zu.

Diese Szene erzählte der Maestro selbst, wenn von der Arroganz der päpstlichen Behörden die Rede war. Von jenem Tag an jedenfalls ging Verdi erst um 9.30 Uhr zur Post.

Die Kirche im 20. Jahrhundert

Während Pius IX. den Rest seines Pontifikats verbittert und zurückgezogen als ›Gefangener im Vatikan‹ lebte, beschäftigte sich sein Nachfolger Leo XIII. schon bald mit den Problemen seiner Zeit. Er stellte den Katholiken frei, mit allen ›anständigen Leuten‹ politisch zusammenzuarbeiten, wenn er auch den Geistlichen empfahl, sich vom Kampf der Parteien fernzuhalten. Weit über die eigene Zeit hinaus wies aber seine Enzyklika zu den sozialen Fragen unter dem Titel ›Rerum novarum‹. Die Aufgabe, das Leben der notleidenden Arbeiterklasse zu verbessern, ist nach Überzeugung des Papstes vielen gesellschaftlichen Kräften gestellt: dem Staat, den Arbeitgebern und den Gewerkschaften. Der Kirche komme es zu, für den sozialen Frieden zu wirken. Leo ließ es aber nicht bewenden bei einem Aufruf an die Arbeiter, sich jeder Gewalt zu enthalten. Er unterstrich zugleich ihr Recht auf geregelte Arbeitszeit, gerechten Lohn und ein ungestörtes Familienleben. Sonntagsruhe, Unfallschutz sowie die Einschränkung von Kinder- und Frauenarbeit müßten gesetzlich garantiert sein. Jedoch lehnte er unter Hinweis auf Thomas von Aquin jede demokratische Staatsform ab.

Der zu Anfang des Jahrhunderts regierende und 1954 heiliggesprochene Pius X. zwang 1910 alle Kleriker zum ›Antimodernisteneid‹, einer Art negativen Glaubensbekenntnisses, in dem alle am Menschen orientierten und angeblich offenbarungsfeindlichen Gedanken verurteilt werden. Vergeblich versuchte er, sich den zum Krieg drängenden Staaten Europas entgegenzustellen. ›Ich würde mein Leben hingeben‹, sagte er, ›könnte ich dadurch den Frieden retten.‹ Auch Benedikt XV. bemühte sich bis zuletzt erfolglos um den Frieden und später um eine vorzeitige Beendigung des Krieges.

Derweil entwickelte sich Rom als Hauptstadt des vereinigten Landes gerade so, als gebe es den Vatikan nicht. Die neuen Straßen im bisher kaum bebauten Stadtteil Prati führten in einem strengen Schachbrettmuster an der Burg der Päpste und an der Peterskirche vorbei. Ihre Namen erinnern heute noch an heidnisch-römische Feldherren, Politiker und an Revolutionäre. Der größte Platz neben der Fluchtmauer der Päpste trägt den Namen des ›Risorgimento‹, also jener Einigungsbewegung, die den Kirchenstaat besiegt hatte.

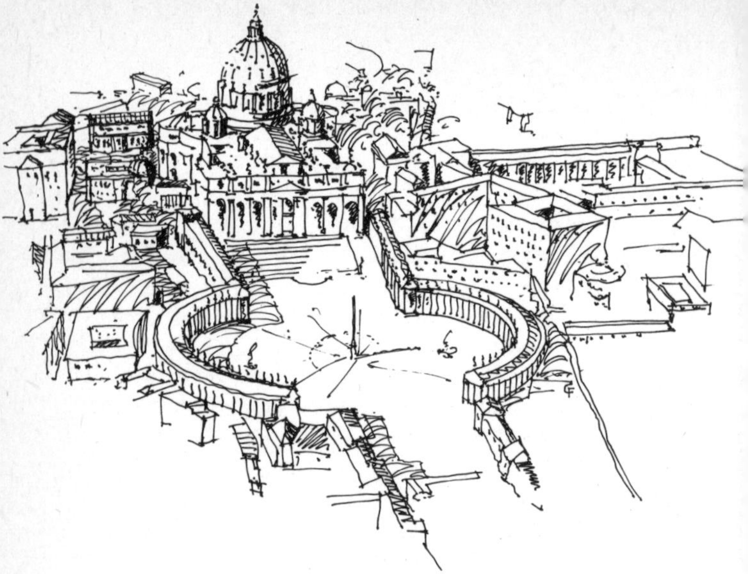

S. Pietro in Vaticano

Entsprechend katholischer Tradition ist die Peterskirche über dem Grab des in Rom hingerichteten Apostels Petrus errichtet worden. Ausgrabungen aus neuester Zeit bekräftigen diese These. Die erste Basilika entstand in der Zeit Kaiser Konstantins, die von Papst Silvester im Jahre 326 eingeweiht wurde. Erst über 1100 Jahre später entschloß sich Nikolaus V., einen Neubau von St. Peter zu wagen und dazu die ganze Christenheit um Hilfe zu ersuchen. Die hierfür erforderlichen Ablaßgelder forderten den Protest Martin Luthers heraus und führten endlich zur Reformation. Der erste Entwurf stammt von Bramante. Ihm folgten elf weitere Baumeister, unter ihnen Michelangelo Buonarroti, der vor allem die Form der Kuppel bestimmte. Lorenzo Bernini errichtete im Auftrag Urbans VIII. über dem Petersgrab einen fast 30 Meter hohen Baldachin, dessen Bronze er aus der Vorhalle des Pantheons nahm. Der Meister umfaßte den Petersplatz mit einem Säulenrund, das die Anlage harmonisch vervollständigt.

Päpste und Kurienbeamte beobachteten diese Entwicklung mit tiefem Mißtrauen. Pius XI. (1922–1939) erst fand einen Weg aus der vatikanischen Isolation. Während seine vier Vorgänger in selbstgewählter Trotzhaltung jeden Auftritt in der Öffentlichkeit vermieden und deshalb ihren ersten Segen nach der Papstwahl stets im Innern von St. Peter erteilt hatten, trat der neue Pontifex auf die Benediktions-Loggia hinaus und spendete dem Volk den Segen ›Urbi et Orbi‹. Zum erstenmal richtete wieder ein Nachfolger Petri seinen Blick auf den Petersplatz und damit auf Rom. Die überfällige Lösung der seit über 50 Jahre offenen ›Römischen Frage‹ kündigte sich an.

Im Jahre 1929 endlich waren die Lateranverträge zwischen dem Königreich Italien und dem Vatikan unterschriftsreif. Ganz Europa stand damals unter dem Druck des drohenden Bolschewismus. Der noch immer um internationale Anerkennung ringende Diktator Benito Mussolini stimmte der Gründung eines souveränen Staates der Vatikanstadt zu, entschädigte den Papst mit Geld und Staatspapieren in Höhe von 1,75 Milliarden Lire und setzte seine Unterschrift unter ein Konkordat mit dem Heiligen Stuhl, das diesem ungeahnte Vorteile brachte: Ohne Rücksicht auf seine liberale Vergangenheit verwandelte sich Italien in einen konfessionell gebundenen Staat, indem es das katholische Bekenntnis als ›Staatsreligion‹ anerkannte. Das allein vor dem Priester gegebene Ja-Wort eines Paares ohne Mitwirkung des Standesbeamten genügt seitdem für die Gültigkeit einer Ehe. Nach katholischer Lehre wurde eine solche Ehe unauflöslich – eine Zwangslage, die erst 1970 durch die Verabschiedung eines Scheidungsgesetzes der Italienischen Republik endete.

Kanonisches Recht wurde durch die Verträge des Jahres 1929 Staatsrecht mit weitreichenden Folgen für abtrünnige Priester und kirchenfeindliche Personen, falls sie in den Staatsdienst eintreten wollten. Bis zum heutigen Tag wirkt der Pakt des ›Duce‹ im italienischen Recht fort, obwohl vor einigen Jahren eine revidierte Form des Konkordats in Kraft getreten ist. Der Faschismus feierte den Friedensschluß zwischen dem Staat und den Päpsten mit großem Pomp und dem Bau der prächtigen Via della Conciliazione (Straße der Versöhnung). Ein ganzes Stadtviertel ließ Mussolini niederreißen, die sogenannte ›Città Leonina‹, mit vielen mittelalterlichen Gebäuden, darunter jenem Haus, in dem sich Raffael während der letzten zwölf Jahre seines Lebens aufgehalten hatte. Am Ende des Zweiten Weltkrieges überlebten die Lateranverträge sogar die italienische Monarchie und fanden mit kommunistischer Zustimmung ihren Eingang in die republikanische Verfassung von 1948.

Der auf weniger als einen halben Quadratkilometer geschrumpfte Vatikanstaat erwies sich als eine ideale, weil politisch völlig unbedeutende Basis für die Spitze der katholischen Kirche. Mit dem Verlust der weltlichen Territorialmacht hatten die Päpste ungemein an Glaubwürdigkeit gewonnen, und das nicht nur im Innern ihrer Kirche. Bei Streitfällen zwischen den Staaten konnten sie als unabhängige Schiedsrichter auftreten. So sind auch heutzutage ›Botschafter‹ des Heiligen Stuhls in fast allen Hauptstädten der Erde zu finden, bei den Vereinten Nationen und anderen internationalen Organisationen. Abgesandte des Papstes beteiligen sich an der weltweiten Diskussion über Abrüstung, Flüchtlingsfragen und Menschenrechte.

Trotz seines nur weniger als fünf Jahre dauernden Pontifikats nutzte der lombardische Bauernsohn Angelo Giuseppe Roncalli als Papst Johannes XXIII. das wiedererwachte Bewußtsein der Weltkirche zu einem neuen Aufbruch, als er das Zweite Vatikanische Konzil einberief. Christen wie Nichtchristen erkannten in ihm einen Bruder. Er weckte große Hoffnungen auf eine Überwindung der Kirchenspaltungen, die sich jedoch im theologischen Fingerhakeln verloren. Dennoch ist seine Bedeutung in der römischen Kirche noch nicht ausdiskutiert.

Konservative Kreise hingegen, die sich nicht nur auf die Anhänger des kürzlich verstorbenen französischen Erzbischofs Marcel Lefevre beschränken, sehen in ihm einen ›Unglücksfall‹, der die Einheit der Kirche in Gefahr gebracht und nur wegen der Kürze seiner Regierungszeit keine irreparablen Schäden hervorgerufen habe.

Auch wenn die Erwartungen vieler Christen enttäuscht wurden, es ist Johannes zu verdanken, daß das Gespräch Roms mit der Ostkirche und mit den Kirchen der Reformation seit drei Jahrzehnten läuft und trotz vielfältiger Rückschläge voranschreitet. Mit Rücksicht auf das Wirken der Kirche in allen fünf Erdteilen verdoppelte der Roncalli-Papst den Umfang des bisher auf 70 Mitglieder beschränkten Kardinals-Kollegiums. Es war nicht mehr selbstverständlich, daß ein Italiener den Petristuhl bestieg, wie es seit dem ›deutschen‹ Hadrian VI. (1522–1523) Gewohnheitsrecht geworden war. Auch hierzu einige Gedanken Kurt von Schlözers aus dem Jahr 1866: ›Das Papsttum hat sich im Laufe der Zeiten aus einer ursprünglich katholischen, d. h. die Welt umfassenden, Institution zu einer speziell italienisch-römischen verpuppt, hat alles Nichtitalienische von sich abgestreift und zu den höchsten Kirchenämtern nur Italiener zugelassen ... Diese Schattenseite räumen die hier ankommenden fremden Katholiken den Ketzern niemals offen ein, es ist ihnen aber doch anzumerken, daß sie sich in Rom nicht so recht katholisch, sondern fremd fühlen‹.

Johannes XXIII. gab sich nicht mehr damit zufrieden, zwischen dem Vatikan und dem päpstlichen Sommersitz Castelgandolfo hin und her zu pendeln. Er suchte die einfachen Menschen auf in den Krankenhäusern und Gefängnissen, in unbedeutenden Pfarreien und in den Fabriken. Mit einem Wallfahrtszug fuhr er nach Loreto und nach Assisi zu den Gedenkstätten des ›poverello‹. In Windeseile rankten sich ungezählte Anekdoten um ihn. ›Wie viele Menschen arbeiten im Vatikan?‹ wollte der damalige Präsident und Weltkriegs-General Dwight D. Eisenhower am Ende eines Staatsbesuchs von ihm wissen. Die verschmitzte Antwort des Papstes: ›Ich hoffe, die Hälfte.‹ Er war übrigens der letzte Petri-Nachfolger, der noch die Tiara trug.

Nach dem plötzlichen Tod des ›guten Papstes‹, wie ihn die Italiener liebevoll nennen, gewannen die Kurienbehörden unter Paul VI. wieder Oberhand. Die freie Diskussion wurde weniger frei, das offene Gespräch zwischen den christlichen Kirchen weniger offen. ›Unterordnung unter die Führung der Kirche, wie es sich für freie und liebende Kinder geziemt‹, erwartete der in der Diplomatie und der Bürokratie der Kirchenspitze herangewachsene Montini-Papst. Mit seiner Enzyklika ›Humanae vitae‹ zur Frage der Familienplanung tat er einen unglücklichen Griff, der bis heute die Gläubigen zur Kirchenhierarchie auf Distanz hält.

›Mehr Paul als Johannes?‹ fragte die Öffentlichkeit, als der Mitte Oktober 1978 gewählte polnische Papst Karol Wojtyla mit der römischen Ordnungszahl II. die Namen seines nur allzu kurz amtierenden Vorgängers annahm. Inzwischen sind viele Fragen beantwortet. Johannes Paul II. ist gewiß kein Papst des Aufbruchs, viel eher einer, der es als seine Aufgabe ansieht, Basisbewegungen und liberale Theologen zu disziplinieren. Wenn er in seinen kaum noch zu überschauenden Enzykliken, Erlassen, pastoralen Briefen, Aufrufen, Ansprachen, Predigten und Gesprächen die Gedanken seiner Vorgänger erwähnt, dann schenkt er dem Diplomaten Paul weit mehr Raum als dem Seelsorger

Johannes. Das Zweite Vatikanische Konzil, so äußerte sich der Wojtyla-Papst wiederholt, sei in den ersten Jahren nach seiner Beendigung einseitig interpretiert worden. Johannes Paul spricht zwar viel von der Kollegialität der Bischöfe, versteht es aber mit dem Geschick eines Spitzenmanagers, aufmüpfige Prälaten zur Ordnung zu zwingen. Ja ganze Bischofskonferenzen, wie die holländische und die amerikanische, mußten sich auf römischen Sondersynoden eine brüske Kurskorrektur gefallen lassen, als sie liberale Ideen als Bausteine in ihre Ortskirchen einfügen wollten.

Der polnische Papst hat gewiß wie schon Johannes XXIII. erkannt, daß die katholische Weltkirche ihre Kraft auch aus den vier anderen Erdteilen außerhalb Europas ziehen muß. Die Zeichen intensiverer Frömmigkeit in Afrika und Südamerika geben ihm den Mut dazu. Aber wie Paul VI. vertraut er dem fest gegründeten römischen Kurienapparat mehr als der schöpferischen Diskussion des gläubigen Volks und seiner Hirten, so wie sie zur Zeit des lombardischen Bauernsohns die Welt fasziniert hat. Ein Beweis für die Gültigkeit dieser These ist das innige Einverständnis des polnischen Papstes mit dem deutschen Kurienkardinal Joseph Ratzinger, der als Präfekt der römischen Glaubenskongregation und Hüter der ›Wahren Lehre‹ unerbittlich geworden ist. Hans Küng, Leonardo Boff, Eugen Drewermann und mancher andere haben es um den Preis der Beschränkung ihrer Lehrbefugnis erfahren.

Unbeugsam wie in Sachen der innerkirchlichen Ordnung und der Moral, die in seinen harten Feldzügen ›Für das Leben‹ ihren Niederschlag finden, ist Johannes Paul aber auch in seiner Stellungnahme zu Menschenrechten und Friedenssicherung. Während des Golfkriegs gegen den Irak war es den USA gewiß ein Dorn im Auge, daß der Papst sich zu keinem Kompromiß zugunsten des amerikanischen Eingreifens bereit fand. Johannes Paul II. nahm es lieber in Kauf, Radikaldemokraten und Kommunisten als Verbündete neben sich zu haben, als die elektronisch gesteuerten Raketenwaffen zu segnen. Den kaum noch eingeschränkten Pazifismus Karol Wojtylas werden auch seine Nachfolger nicht mehr vergessen können, wenn sie ihr Urteil über die Weltpolitik abzugeben haben.

G. G. Belli – gläubig, aber antiklerikal

Giuseppe Gioacchino Belli (1791–1863) war Regierungsbeamter im Kirchenstaat und fand doch die Zeit, mehr als 2000 meist satirische Sonette in römischer Mundart zu schreiben. Er war selbst Römer, vom rechten Bürgersinn durchdrungen, gläubiger Katholik, aber antiklerikal angesichts des allzu weltlichen Kirchenstaats und dessen im Irdischen wuchernder Geistlichkeit durchweg herrschsüchtiger Gottesdienster. Aus Belli spricht das römische Volk: skeptisch, spöttisch und voll sinnlicher Lust am Leben. Man sorgt sich um Freuden und Leiden des Alltags, um Recht und Unrecht, um Not und Tod, um das tägliche Brot und die Familie.

Nur Fremde aus dem Norden, denen es immer um Arbeit und Effizienz zu tun ist, werden sich darüber wundern, daß Belli (hier in der Übertragung von Otto Ernst Rock) das Leben im päpstlichen Gefängnis preist, die Amnestie anläßlich der Papstkrönung hingegen als ein Unglück verflucht. Der brave Bürger hat's schwer, dabei begehen die Mönche, Priester und Prälaten alle jene Sünden, die sie den armen Christen vorhalten.

Die Gefängnisse

Papst Leos Krönungstag, da kam ich raus.
Du glaubst es nicht: ich ging' gern wieder rein.
Ich sage dir, im Kasten hält man's aus,
Im Paradies kann's kaum viel schöner sein.

Du kriegst dein Brot und Fleisch und Reis und Wein,
Kein Wirt kommt, dir die Rechnung präsentieren,
Du hast die saubere Zelle, alles fein,
Und Miete zahlst du auch nicht fürs Logieren.

Du sitzt im Trockenen, schön ruhig, du weißt,
Dich stört kein Staat, kein Pfaffe ist im Knast,
Der dir die Bissen aus dem Schnabel reißt.

Du tust fast nichts, als Mensch wirst du geschätzt,
Du schläfst gut, weil du nie die Sorge hast,
Daß man dich hinter Schloß und Riegel setzt.

Das Leben des Mannes

Neun Monate Gestank, in Windeln liegen,
Ein Küßchen nach dem andern, Milchschorf, Tränen,
Tanten, Keuchhusten, Ärger mit den Zähnen,
Töpfchen, der Laufstall, Breichen, Fläschchen kriegen.

Dann fängt der Scheißkram mit der Schule an:
Zum ABC und Rechnen Durchfall, Grippe,
Würmer, Frostbeulen, Prügel, dicke Lippe
Und was man sonst da alles kriegen kann.

Die Lehrer, Fasten müssen, Schwindsucht, Flittchen,
Miete, Regierung, Steuern, Plackerei,
Das Krankenhaus, die Schulden und das Kittchen.

Im Sommer Hitze, Frost zur Winterszeit,
Dann Tod und Gottes Segen, aus, vorbei,
Und ab zur Hölle in die Ewigkeit.

Die sieben Todsünden

Ich will euch mal ein Geheimnis verraten
Und von den Todsünden was erzählen.
Völlerei ist das Laster von Kardinälen,
Aber auch von Bischöfen und Prälaten.

Die Wollust ist bei den Mönchen zuhaus.
Hochmut ist bei aufgeblähten Poeten
In den verdrehten Sonetten vertreten,
Und die Trägheit zeichnet Beamte aus.

Der Geiz hält die Pfaffen in seinen Krallen,
Neid ist die Sünde der alternden Frauen,
Vom Zorn werden Kavaliere befallen.

All die Sünden kannst du gut mischen lassen,
Dann zieh eine, blind, und du kannst drauf vertrauen,
Die paßt zum Papst, nur ihm wird's nicht passen.

Teil II – Gegenwart

Italiener – gemäßigt katholisch

Sind Italiener fromm und bekennen sie sich zu ihrer Kirche? Auf solche Fragen antworten über 85 Prozent der Bevölkerung etwas ausweichend: ›Ich bin katholisch.‹ Fast 90 Prozent geben an, an Gott zu glauben. Dabei ist die Welle der Säkularisierung Europas auch über die Apenninhalbinsel hinweggefegt, wenngleich sehr viel schwächer als anderswo. Woraus erklärt sich das?

Als Land, in dem die Päpste residieren, spielt Italien bis auf den heutigen Tag eine Sonderrolle. Mit einem gewissen Stolz empfinden die Römer ihre Stadt auch am Ende des zweiten Jahrtausends nicht nur als ein Zentrum der Antike und der bildenden Kunst; vor allem sehen sie in ihr das Herz der katholischen Christenheit. Millionen von Pilgern kommen in die Ewige Stadt, um den ›Stellvertreter Christi‹ zu sehen. Der Papst seinerseits reist seit den 60er Jahren unseres Jahrhunderts in alle fünf Kontinente und macht so die Universalität seiner Kirche vor aller Welt deutlich. Fest gefügt ist noch die Struktur der Bistümer und Pfarreien. Trotz Priestermangel und Rückgang der Vokationen in den Klöstern grünt südlich der Alpen der Stamm der Kleriker kräftiger als in allen anderen Teilen der Erde. Wieder einmal sehen sich die Italiener in ihrer Überzeugung bestärkt, daß sie ein Sonderfall sind, wenn die Rede auf die zahlreichen Probleme der modernen Gesellschaft kommt.

Und noch eine andere Tatsache läßt die am Papst orientierte Kirche in Italien kräftiger erscheinen als anderswo. Obwohl Königreich und Republik nach der Beseitigung des Kirchenstaates seit gut hundert Jahren die Religionsfreiheit garantierten, hat es hier nie einen nennenswerten religiösen Pluralismus gegeben. Zu nennen wären seit dem 12. Jahrhundert die Waldenser, denen es gelang, in engen Alpentälern der Vernichtung durch den triumphierenden Katholizismus zu entgehen. Jetzt formiert sich eine kleine Schar von ihnen sogar in der Stadt des Papstes zu Gemeinden und entwickelt im ganzen Land eine erstaunliche Aktivität. Methodisten und Baptisten, Pfingstler und Anglikaner, Heilsarmee und Lutheraner entwickeln unter südlicher Sonne in kleinen Gemeinden ein reges diakonisches Leben. Davon wird im einzelnen noch die Rede sein.

Von den meisten Bürgern wird dieses Angebot im ›heiligen Supermarkt‹ Italiens nicht einmal zur Kenntnis genommen. Weil die Zahl der Andersgläubigen nur klein ist und viele von ihnen schon durch die Hautfarbe ihre Herkunft von anderen Kontinenten verraten, spielen die nichtkatholischen Kirchen und Glaubensgemeinschaften in Italien eine Nebenrolle. Ihnen gehören nur 800000 von fast 58 Millionen Einwohnern an. Religion und Konfession findet also am Po, am Tiber und auf den vielen Inseln rings um den Stiefel fast nur im römisch-katholischen Singular statt.

Gewiß folgen viele, die sich schlicht als ›katholisch‹ bezeichnen, einer wenig reflektierten Gewohnheit. Mit Sicherheit akzeptieren sie nicht alle Lehren Roms, noch sind sie bereit, ihr tägliches Leben nach den Weisungen des Papstes zu orientieren. Doch in Italien ist die Kirche auch heute noch so fest in die Gesellschaft eingewebt, daß sie ohne Schaden nicht aus ihr herausgelöst werden könnte. Ihre geistlichen und weltlichen Organisationen leisten für Bedürftige und Randexistenzen viel segensreiche Arbeit, die in den Ländern Mittel- und Nordeuropas der Staat übernimmt. Auf dem diakonischen Feld steht der katholische Baum noch in voller Blüte. Hier findet – um im Bild zu bleiben – der vatikanische Gärtner bei der Bevölkerung seine höchste Anerkennung.

Weit weniger folgen die Katholiken ihren Hirten in Fragen der Moral. Die tiefgreifende Wandlung der modernen Gesellschaft hat auch das Verhalten der Italienerinnen und Italiener beeinflußt. Verschieden lauten die Urteile über die veränderte Szene. Während liberale Köpfe ›die Emanzipation der Massen von der klerikalen Herrschaft‹ begrüßen und die Entwicklung hin zu einer Gesellschaft mündiger Bürger voraussehen, beklagen Priester und Bischöfe, so wie ihr oberster Hirte, ein Überhandnehmen des Konsumismus und eine neue Barbarei in einer Welt, die dem Menschen seine Identität raubt. Der Papst ging sogar so weit, östlichen Kollektivismus und westlichen Konsumismus als Bedrohungen auf eine Stufe zu stellen. Liberale und Klerikale sind sich allerdings einig in ihrem Urteil, daß der gepriesene oder beklagte Wandel nicht völlig zu vermeiden war. Die

Auflösung der alten Gesellschaftsordnung, die Konzentration der Menschen in den Großstädten und die Folgen von Industrialisierung und Einwanderung gestatteten kein Festhalten am traditionellen Modell.

Die Italiener lieben es nicht, Gräben aufzureißen. Zwar hat sich die Welt verändert, das ist wahr. Aber deshalb müssen sie noch lange nicht alle lieben Gewohnheiten über Bord werfen, denen sie seit ihrer Kindheit nachgehen. Nur ein Beispiel: Nicht alle, die sich ohne großes Nachdenken ›katholisch‹ nennen, bekennen sich deutlich zur Amtskirche und ihren Lehren. Meist kennen sie diese Lehren nur ungefähr, sie sind ihnen im einzelnen sogar gleichgültig. Katholisch sein, das heißt wie mancherorts in Europa nur noch: vor dem Altar zu heiraten, die Kinder zur Erstkommunion und zur Firmung zu schikken. Das heißt, Weihnachten, Ostern und am Patronatsfest die Pfarrkirche zu besuchen. Das heißt, die Angehörigen mit priesterlichem Beistand in geweihte Erde zu betten. Mehr nicht!

Sie glauben an Gott, die braven Geschäftsleute, die Hausfrauen, Handwerker, Unternehmer und kleinen Angestellten, doch auf die Frage, ob ihr Leben von einem großen Ideal geführt sei, antworten zwei Drittel von ihnen mit nein. Gott ist einfach da, seit Mutter in der Familie den Ton angab und seit Großvater seine Geschichten aus der guten alten Zeit erzählte. Gott war da wie die gewaltige Zeder vor dem Haus, wie der 200 Jahre alte Bauernschrank in der Diele, und deshalb muß er respektvoll erhalten werden. Doch niemand hat ihn jemals ein ›großes Ideal‹ genannt. Sind die Italiener nun religiös oder sind sie es nicht?

Sie haben Schwierigkeiten mit der abstrakten Welt, Hunderte von Heiligen verehren sie, können sich aber unter dem Heiligen Geist nichts Rechtes vorstellen. Den Heiligen Geist können sie nicht mit lebensfrohen Farben anmalen wie die Figuren der Heiligen Rosa, des Heiligen Ambrosius und der Heiligen Anna, die sie in der Prozession durch kleine Orte und große Städte tragen. Und abstrakt ist ihnen auch die Frage nach der Frömmigkeit. Wichtiger nehmen sie heute – das brachte eine Untersuchung der Universität Trient ans Tageslicht – harmonisches Familienleben, Liebe, Freundschaft, gesicherte Sozialordnung, beruflichen Erfolg und persönliche Verwirklichung. Dann erst mag die Frömmigkeit kommen!

Wie in allen Ländern Europas haben auch südlich der Alpen der

Besuch der Heiligen Messe und die Teilnahme am Gemeindeleben nachgelassen. Aber solche Fragen zielen an der echten Religiosität vorbei und rücken gerade diejenigen Christen ins Scheinwerferlicht, die sich ein frommes Mäntelchen umhängen. Nun gut: Fast die Hälfte der Italiener geht einmal oder mehrmals pro Monat in die Kirche, das brachte die Agnelli-Stiftung heraus, nur 21 von hundert Bewohnern der Halbinsel brüsten sich damit, ›nie oder fast nie‹ eine Kirche von innen zu sehen.

Übrigens: Als Kirchengegner und Priesterfresser haben sich Italiens Kommunisten nie hervorgetan. Der KPI, die in Westeuropa bis zum Zusammenbruch des ›realen Sozialismus‹ große Bedeutung hatte, gelang es vielmehr, zum Kampf für soziale Gerechtigkeit viele Katholiken in ihre Reihen aufzunehmen. Scharfe Proteste gegen Kirche und Bischöfe kommen hingegen aus den kleinen Bürgerparteien. Sie fühlen sich als die geistigen Erben von Garibaldi, Mazzini und Cavour, jener Vorkämpfer des ›Risorgimento‹, das Italiens Einigung zu einem neuen Königreich unter dem Zeichen der Trennung von Staat und Kirche verwirklichte.

Doch zurück in die Gegenwart. Italien präsentiert sich fremden Besuchern als ein Land, in dem der Papst zugleich Priester, Polizist und hoher Staatsbeamter zu sein scheint. Wer hier vor dem Altar seine Ehe schließt, der ist auch nach dem Gesetz der Republik gültig verheiratet. Manchem ging das gegen den Strich, besonders in der faschistischen Zeit, in der noch die Unauflöslichkeit der Ehe als Staatsgesetz galt. In den letzten 20 Jahren nimmt die Zahl jener Bürger zu, die ihren Lebensbund im Rathaus schließen, ohne Priester, ohne Orgelmusik, ohne Blumen, die sich der Pfarrer ja einzeln bezahlen läßt.

Der Tiefstpunkt aller mit priesterlicher Hilfe geschlossenen Eheverträge war Mitte der siebziger Jahre erreicht. Dann stabilisierten sich die Verhältnisse. Die Flucht vor dem Weihwasser ließ nach. Heute werden weniger als 15 v. H. der Lebensgemeinschaften vor dem Standesbeamten geschlossen, so stellt der Vatikan erfreut fest. Allerdings haben weder Staat noch Kirche – auch nicht in Italien – jene Paare registriert, die aus freier Entscheidung und ohne ein institutionelles Netz die Gemeinschaft fürs Leben (oder auch nur für wenige Jahre) suchen.

Die Frage, in der Bürger und Kirche am weitesten voneinander getrennt sind, betrifft die Toleranz. Erinnern wir uns: 85 Prozent aller

Italiener sehen sich selbst als ›katholisch‹ an. Doch daß ihre Priester, ihre Bischöfe und ihre Theologen für die römische Lehre den Alleinvertretungsanspruch erheben, ist den meisten nicht recht. Als Kinder unserer Zeit haben sie wenig Verständnis für ein vorgebliches Monopol der Wahrheit, das Papst und Kurie auch heute noch fordern. Nicht mehr als ein Drittel der Taufschein-Katholiken glaubt, es gebe ›nur eine wahre Religion‹. Alle anderen vermuten Teilwahrheiten auch bei anderen Konfessionen: ein klarer Hinweis darauf, daß die Kirche in Italien nicht mehr allein den Ton angibt, sondern in Konkurrenz steht mit einer nur schwer einzuschätzenden öffentlichen Meinung.

Das, was gestern noch unumstößliche Wahrheit war, hat heute die Qualität von Meinungen oder Überzeugungen angenommen, selbst in des Papstes eigenem Land. ›Hier zeigt sich der tiefe Abgrund‹, schreibt der Soziologe Franco Garelli, ›zwischen dem allgemeinen Kulturempfinden und der Art und Weise, in der die katholische Lehre auch heute noch nach außen vertreten wird.‹ Und immer wenn die Kirche an der überkommenen Pastoral festhält, gelingt es ihr nicht, sich der Mehrheit ihrer Gläubigen verständlich zu machen.

Allen Differenzen zum Trotz aber bleibt die wohlwollende Einstellung der Italiener zu ihrer Kirche. Von Parteien und Regierungen halten sie so wenig, daß sie sie innerhalb einer breiten Werteskala auf die beiden untersten Plätze setzen. Die Kirche und ihre Diener erfreuen sich hingegen allgemeiner Achtung. Mehr als Priester und Bischöfe schätzt der Bürger nur noch die Carabinieri, die Schule, das Fernsehen und die Privatindustrie. Darunter rangieren Richter und Staatsbetriebe, Gewerkschaften und Journalisten, Soldaten, Banken und Parlament. Das heißt nun keineswegs, daß Gläubige und Ungläubige der Kirchenspitze in allen Einzelheiten zustimmen. Doch im europäischen Vergleich kann der Papst mit den Bewohnern seines Gastgeberlandes zufrieden sein.

Die meisten Italiener sehen in Gott ihren Herrn, sie glauben an die unsterbliche Seele, das ewige Leben und achten beinahe alle Gebote – zumindest nach ihren eigenen Angaben. Jedoch in der Sexualmoral hat die Säkularisierung hier im Süden mehr durchgeschlagen als bei Dänen, Portugiesen und Schweizern. Das am wenigsten befolgte Gebot lautet: ›Du sollst nicht begehren deines Nächsten Weib.‹ Dabei entfernen sich die in der Großstadt lebenden jungen Männer am weitesten von den Lehren der Kirche. Spötter kommen zu dem Schluß, ideale Katholiken müßten ohne Beruf auf dem Land wohnen, weiblich und pensionierte Lehrer sein.

Kinder im Vatikan?

Können im Vatikan Kinder geboren werden? Selbst die Monsignori hinter der Leoninischen Mauer geben die Antwort ohne Zögern: Nein, denn 1) leben im Reich des Papstes keine Frauen, 2) dauern hier alle Angelegenheiten länger als neun Monate, ehe sie erledigt werden, und 3) ist in dem nicht einmal einen halben Quadratkilometer großen Stadtstaat noch nie etwas mit Hand und Fuß geschaffen worden. Seit Unterführer und Offiziere der Schweizergarde mit ihren Ehefrauen neben St. Peter wohnen dürfen, sind dort allerdings von Zeit zu Zeit ein paar hellblonde Kinderschöpfe zu sehen, die diesen alten Scherz in Frage stellen.

Zweierlei Antonius

Unbekümmert nehmen Italiener die Heiligen mit hinein in ihren Alltag ohne die Befürchtung, der Schmelz der frommen Männer und Frauen könnte dabei Schaden nehmen. So erzählt man sich, ein Flugzeugpilot habe eines Tages aus seiner defekten Maschine abspringen müssen und die Notleine gezogen. Indes, der Fallschirm öffnete sich nicht. Verzweifelt schrie der Mann: ›Heiliger

Antonius, hilf!‹ Tatsächlich fühlte er, daß plötzlich eine Hand die Geschwindigkeit des Sturzes bremste, und eine Stimme fragte ihn: ›Welchen Antonius meinst du?« Freudig antwortete ihm der Pilot: ›Den Heiligen Antonius von Padua natürlich.‹ Da kam die Antwort: ›Das ist der falsche‹, und der Unglückliche stürzte weiter der Erde entgegen.

Alternde Priester als Zeitbombe

Religiöses Empfinden und religiöse Praxis der Italiener haben sich erheblich geändert. Und doch bleibt ihre Kirche im Dorf. Das kann niemanden verwundern in einem Land, dessen traditionelle Strukturen so stark geblieben sind wie die südlich der Alpen. Nach Angaben des ›Annuario Pontificio‹, des päpstlichen Jahrbuchs, ist Italien mit einem dichten Netz von 224 Diözesen überzogen. Zwar hat Mitte der achtziger Jahre eine Reform stattgefunden, der 23 Prozent aller Bistümer zum Opfer fielen. Doch schrieb diese Neugliederung nur das fest, was in der Praxis ohnehin anders geworden war. Fast unverändert hingegen blieb die Zahl der Pfarreien mit rund 26000. Ungeachtet der gewaltigen Migrationswelle von Süd nach Nord, vom Land in die Stadt, sind Bischöfe und Priester weiterhin in die traditionelle Ordnung eingespannt, die den neuen Verhältnissen nur unzureichend gerecht wird. Die Mühlen der Kirche mahlen eben langsam.

So ist es zu erklären, daß heute in nur acht Diözesen des Nordens ein Viertel der gesamten katholischen Bevölkerung Italiens wohnt. Dort oben zwischen dem Golf von Genua und Venedig war der Amtsbereich eines Bischofs schon immer weiträumiger als im Süden. Außerdem hat die Industrialisierung zu einer Konzentration der Menschen in den Millionenstädten Mailand und Turin sowie rings um die Hafenstadt Genua geführt. Ähnlich liegen die Verhältnisse in der Hauptstadt Rom, die nach dem Ende des Zweiten Weltkriegs endgültig ihren provinziellen Charakter verloren hat, sowie in dem von

Menschen überbrodelnden Kessel Neapel. Die Städteplaner hielten nicht mehr Schritt mit den herandrängenden Massen, von denen ein großer Teil abseits des gewachsenen Zentrums in seelenlosen Wohnsilos abgesetzt wurde. Wer das Unglück hat, hier leben zu müssen, sieht oft das ganze Jahr lang keinen Baum. Die Verkehrsverbindungen in das historische Zentrum der Stadt sind unzureichend, es fehlt an Schulen und Kindergärten; es fehlt auch an Kirchengebäuden.

Genau das Gegenteil davon zeigt sich im Mezzogiorno: Die alten Kirchen stehen zwar noch in den entvölkerten Bergdörfern Süditaliens, doch hier leben fast ausschließlich Frauen mit wenigen Kindern und alte Leute. Die Männer haben im Norden des Landes oder in Mitteleuropa Arbeit gefunden und kommen nur gelegentlich zu Besuch, wenn sie überhaupt noch kommen. Obwohl in Italien die Zahl der Diözesanpriester mit 37300 (1988) erheblich höher liegt als die der Pfarreien, steht in zehn Prozent der südlichen Gemeinden das Pfarrhaus leer. Dabei gibt es unterhalb von Neapel und auf den großen Inseln Sizilien und Sardinien mehr Berufungen als im übrigen Land. Doch werden die jungen Geistlichen meist in den größeren Zentren eingesetzt, wo sie für tausend Gläubige und mehr die Sakramente zu verwalten haben. In den abgelegenen Gemeinden könnten sie nur für wenige Dutzend Seelen tätig sein. Und wovon sollten sie dort leben?

Trotzdem herrscht noch kein akuter Priestermangel. Das verdankt die Kirche vor allem der Tatsache, daß neben den Weltgeistlichen ein Teil der rund 20000 Ordenspriester für die Arbeit in den Gemeinden zur Verfügung steht. Wenn auch die primären Aufgaben der Mönche je nach dem Auftrag, den ihnen der eigene Orden gibt, im Schulunterricht, in der Krankenbetreuung oder in der Medienarbeit liegt, so nimmt doch mancher von ihnen viele Jahre lang die Stelle eines fehlenden Gemeindepfarrers ein. Statistiker verweisen darauf, daß somit pro tausend Einwohner ein Geistlicher zur Verfügung steht, sei es nun ein Weltpriester oder ein Ordensmann. Doch Vorsicht: Diese Zahl gibt ein allzu freundliches Bild von der italienischen Situation, worauf wir später noch zu sprechen kommen.

Stark geprägt ist das geistliche Leben des Landes vom Wirken der 134000 Ordensschwestern, die vor allem in der Krankenpflege wirken, aber auch an privaten Schulen, in der Sozialfürsorge und auf kulturellem Gebiet. Nonnen, die sich in selbstgewählter Klausur streng von der Außenwelt abschließen, sind selten geworden. Die tätigen Schwestern hingegen wirken allein schon durch ihre große Zahl in die Gesellschaft hinein und geben vor allem in den Städten der Kirche ein unverwechselbares Gesicht. Dieses Phänomen erscheint auf den ersten Blick paradox: Ausgerechnet Frauen, die in der katholischen Kirche vom Priesteramt und allen leitenden Funktionen ausgeschlossen sind, stellen mehr als zwei Drittel des geistlichen ›Personals‹. So wird zwar der dienende Charakter derer unterstrichen, die sich eng an diese Kirche binden. Zugleich aber fühlen sich alle von der Mitarbeit ausgeschlossen, deren Stärke nicht so sehr demütige Unterordnung ist, sondern selbstbewußtes, kritisches Tätigsein.

Zum uneingeschränkten Jubel hat die katholische Kirche in Italien trotz unserer bisher günstigen Bestandsaufnahme keinen Anlaß. Die Zahl ihrer Seelenhirten ist zwar noch viel höher als in den meisten modernen Ländern, hat aber in den letzten 25 Jahren deutlich abgenommen. Der Bestand an Diözesengeistlichen sank in diesem Zeitraum um 16,3 Prozent, während die Bevölkerung um fast die gleiche Quote zunahm. Gewiß ist die immer wiederkehrende, aber dann doch erfolglos abgebrochene Diskussion über die Weihe verheirateter Männer und die Priesterehe auch auf italienischem Boden nicht ohne negative Folgen geblieben. Auf zwölf Priester wird zur Zeit in den Seminarien nur ein junger Theologe gezählt, von dem nicht einmal feststeht, ob er sich eines Tages zu lebenslanger Ehelosigkeit verpflichten wird. Die Folge davon ist eine zunehmende Überalterung des italienischen Klerus.

Von den Weltgeistlichen haben schon 43 Prozent das 60. Lebensjahr überschritten. Fast zwei Drittel sind älter als 50 Jahre. Jeder Dritte hat das Pensionsalter erreicht, ohne in den Ruhestand treten zu dürfen. Nur im Süden und auf den beiden größten Inseln ist das Durchschnittsalter des Klerus niedriger. Alter und Tod reißen so große Lücken in das noch immer vielköpfige Heer der Priester, daß sie vom Nachwuchs nicht mehr geschlossen werden können. Jahr für Jahr fehlen am Altar über 200 geweihte Männer. In kurzer Zeit wird sich das Phänomen der alt gewordenen Geistlichen unerbittlich in fortschreitenden Priestermangel verwandeln. Wie wir gesehen haben, genießt die Kirche in Italien zwar großes Ansehen in der Bevölkerung; seit einiger Zeit aber ist immer häufiger, vor allem von jungen Leuten, die Einschränkung zu hören: ›Unser Pfarrer meint es vielleicht gut, aber wie kann ein so alter Mann Zugang zu unseren Problemen finden?‹

Ein kircheninterner Konflikt kommt hinzu: Seit Mitte der sechziger Jahre sind nach Angaben des Vatikans 1500 Priester auf eigenen Wunsch in den Laienstand zurückversetzt worden. Viele hundert andere, die in jungen Jahren die Weihen empfangen haben, stehen als Amtsträger nur noch auf dem Papier. Sie sind inzwischen verheiratet oder beabsichtigen, die Ehe zu schließen, aber ihr Antrag auf Freistellung verstaubt in irgendeiner Schublade der römischen Kongregation für die Glaubenslehre. In den Kirchenbüchern werden jene Geistlichen, die unter den geltenden Bedingungen amtsmüde geworden sind und laisiert werden möchten, noch als ›im Dienst‹ geführt. Unter Papst Johannes Paul II. verzögerte der Vatikan jahrelang die Bearbeitung solcher Verfahren, um die Interessierten zu entmutigen, den Schritt zurück in die Welt zu wagen. Wie die jüngsten Zahlen verraten, scheint diese Taktik zumindest einen Teilerfolg gehabt zu haben.

Das Durchschnittsalter der Priester steigt, ihre Zahl sinkt, und nicht wenige geben auf. In dieser schwierigen Situation zeigt sich eine neue Entwicklung am Horizont, die zwar noch in den Anfängen steckt, aber doch für Kirchenleitung und Kirchenvolk eine Zukunft eröffnen könnte: In einigen Kirchen spielt die Institution des Diakonats eine wachsende Rolle, um die weniger werdenden Priester in ihrer vielfältigen Arbeit zu entlasten. Unter charakterlichen und fachlichen Gesichtspunkten ausgesuchte junge Männer, unter ihnen auch einige Verheiratete, erhalten die ›niederen Weihen‹ und damit das Recht, die Kommunion auszuteilen, vor der Gemeinde das Evangelium zu lesen und an der Verwaltung der Pfarrei mitzuwirken.

Diese neue Auslegung des Diakonats, die von den rein karitativen Aufgaben des Amtes bei den frühen Christen erheblich abweicht, hat seit kurzem unter den jungen Theologen zögernde Zustimmung gefunden. Nicht weniger zögernd verhält sich allerdings das kirchliche Lehramt, das zu den erweiterten Aufgaben des Diakons bisher noch nicht umfassend Stellung bezogen hat. 1970 gab es südlich der Alpen zur Unterstützung der Weltgeistlichen erst sieben geweihte Helfer. Zehn Jahre später waren es schon 250, und diese Zahl hat sich inzwischen verdreifacht. Bezeichnenderweise nehmen vor allem Neapel und Turin die Dienste zahlreicher Diakone in Anspruch, das sind die beiden Erzbistümer, die mehr als andere unter dem Mangel an Priestern leiden. Rom und Mailand, die beiden anderen Millionen-Diözesen, die aus unterschiedlichen Gründen über mehr Pfarrer verfügen, verhalten sich auf diesem Gebiet weit zurückhaltender.

Der Schwindel des alten Priesters

Anders als der erdenschwere Giovanni Verga schildert Luigi Pirandello (1867–1936), dessen Prosawerk dem dramatischen nicht nachsteht, seine sizilianische Heimat in der ihm eigenen Mischung von Schein und Sein. ›Die kleine Madonnenstatue‹ in dem nicht vollendeten Zyklus ›Novellen für ein Jahr‹ bildet den Mittelpunkt einer Erzählung, in der der Teufel den alten Benefiziaten Fiorica durch eine scheinbar gute Tat Böses bewirken läßt. Der alte Priester fälscht eine Verlosung in seiner Pfarrei, deren Hauptpreis aus einer wächsernen Marienfigur besteht: Er spricht sie dem neunjährigen Knaben Guiduccio zu, der aber gar kein Los gekauft hat. Das Ende der Novelle liest sich so:

Als der letzte Maisonntag gekommen war und mit ihm der feierliche Augenblick der Ziehung, schlich sich der Teufel, als er ihn zum Altar hinaufschreiten sah, auf dem neben der gläsernen Urne mit den Losen die kleine Wachsmadonna stand, hinter ihn und, jawohl, meine Herrschaften, blies ihm ein, den Namen Guiduccio Greli vom herausgezogenen Los abzulesen. Beim Beifallssturm aller Gläubigen wurde Guiduccio jedoch zunächst glühendrot, dann plötzlich bleich, runzelte die Brauen über seinen großen, umschatteten Augen, wurde von einem krampfhaften Zittern gepackt, verbarg sein Gesicht in den Armen, entschlüpfte den ihn umdrängenden Frauen, die ihn zum Glückwunsch küssen wollten, floh aus der Kirche und floh immer weiter, bis er zu

Hause Zuflucht fand, wo er sich in die Arme seiner Mutter warf und in leidenschaftliche Tränen ausbrach ...

Schon gar viele Male hatte Signor Greli daheim im Scherz seinen Sohn ermahnt: ›Paß auf, Duccio! Ich seh' dich schon mit der Tonsur! Duccio, paß auf: Dein Pfaff will dich doch nur ködern!‹

Und in der Tat, warum erhielt er die kleine Madonna, wo doch an diesem letzten Sonntag kein Los seinen Namen getragen hatte?

Um den Gemütsaufruhr ihres Sohnes zu beschwichtigen, gebot Signora Greli, die kleine Madonna augenblicklich in die Kirche zurückzuschicken; und von Stund an bekam Benefiziat Fiorica den Guiduccio Greli nicht mehr zu Gesicht.

Aus: ›Novellen für ein Jahr‹ von Luigi Pirandello, ›Die kleine Madonnenstatue‹, Fischer Verlag Frankfurt am Main, 1973.

Weltweit und weniger römisch

In diesem Land, in dem die moderne Zeit später und zögernder angebrochen ist als in vielen anderen europäischen Staaten, wirkt die Kirche auch heute noch kräftig in das Leben der Menschen hinein. Bis zum Jahre 1970 gelang es ihr, eine gesetzlich verankerte Scheidung zu verhindern. Der römische Pontifex, der sich nicht nur Bischof von Rom nennt, sondern auch Primas von Italien, geht in seiner weltweiten Kritik an Konsumismus, Hedonismus und Materialismus zunächst einmal von dem ihm anvertrauten Land aus. Bei seinen Reisen durch die verschiedenen Regionen der Apenninhalbinsel schreckt er nicht davor zurück, neben dem Lob für Glaubens- und Kirchentreue auch schlechte Zensuren zu verteilen.

Eine besondere Schelte bekam die Emilia-Romagna zu hören, das ist die Landschaft rings um die traditionsreiche Universitätsstadt Bologna, dazu die Toskana mit ihrer Hauptstadt Florenz. Nicht nur, daß hier die marxistischen Parteien ihre größten Erfolge feiern konnten, mißfiel dem Stellvertreter Christi. Auch das selbstbewußte, sinnenfrohe Bürgerleben der Menschen in Mittelitalien steht nach seiner Überzeugung häufig mit christlichen Prinzipien in Konflikt.

Pius XII. hatte noch vor entscheidenden Wahlen den Kommunisten und ihren Sympathisanten mit der Exkommunikation gedroht. Bis zum heutigen Tag ist die moralische Unterstützung, welche die Kirche der ›Democrazia Cristiana‹ gewährt, schwer zu leugnen. Nur die Taktik hat sich geändert. Mehr und mehr unterläßt es die Kirchenspitze in Rom, direkt in die politischen Niederungen hinabzusteigen. Diese Mühe überläßt sie der italienischen Bischofskonferenz, die dann von Zeit zu Zeit zu aktuellen Fragen unverschlüsselt Stellung nimmt und dadurch die heftige Reaktion bürgerlicher und sozialistischer Politiker auslöst.

Auch vor den Parlamentswahlen zu Anfang der neunziger Jahre fehlte die Ermahnung der Kirchenhierarchie nicht, Katholiken sollten ihre Stimme ›geschlossen‹ abgeben. Den Kritikern antworteten die Bischöfe mit dem Argument, sie mischten sich keineswegs in den Parteienstreit ein, sondern weckten nur den Sinn der Gläubigen für ein Leben entsprechend den göttlichen Geboten. In Wirklichkeit läßt sich das eine nicht säuberlich vom anderen trennen. Selbst eine ›Empfehlung‹ der Bischöfe ist für gläubige Katholiken mehr als eine unverbindliche Meinungsäußerung, denn die Stärke der Kirche liegt gerade in ihrer Disziplin.

Es ist gewiß kein Zufall, daß es ein Pole auf dem Petristuhl war, der sich aus dem kleinlichen Geflecht der italienischen Innenpolitik löste und durch eine neue Aufgabenverteilung unter dem Kirchendach frei wurde zur Behandlung von weltweiten Problemen. Heute gibt es kaum noch eine Diskussion auf der Erde, in die der Papst und seine Kurie nicht eingreifen. Hartnäckig führen sie ihre Kampagne ›für das Leben‹, in der sie z. B. jede Form von Schwangerschaftsabbruch scharf verurteilen und mit Mord auf eine Stufe stellen. Ebenso hält die katholische Weltkirche unnachgiebig an der These Pauls VI. fest, nur eine mit ›natürlichen Mitteln‹ praktizierte Geburtenregelung sei moralisch vertretbar.

Der aus dem Gefängnis inneritalienischer Taktiken befreite Papst mahnte die Industrienationen, bei der Verschuldung der Dritten Welt Nachsicht zu üben. Im Golfkrieg bezog er eine kompromißlose Friedensposition und machte dadurch den amerikanischen ›Falken‹ das Leben schwer. Rom erhebt die Stimme im Spannungsfeld zwischen Israel und den arabischen Staaten. Rom unterstützt die UN-Friedensbemühungen. Rom bezieht klare Stellung im Ost-West-Dialog und im Nord-Süd-Konflikt. Seit dem Zusammenbruch des östlichen Kommunismus und den daraus resultierenden Schwierigkeiten, mit denen der demokratische Sozialismus zu kämpfen hat, ist die Kirche zu einer moralischen Macht aufgestiegen, die von manchen Vatikanbeobachtern als eine ›neue Form von weltlicher Herrschaft der Päpste‹ interpretiert wird, wenn sich diese auch auf das Gebiet der Ethik beschränkt.

Der frühere Präsident der Sowjetunion Michail Gorbatschow gab in einem von ihm formulierten Zeitungsartikel zu, daß die Person des slawischen Papstes für die radikalen Veränderungen in Osteuropa von entscheidender Bedeutung war. Obwohl der Moskauer Staatsmann sich selbst als nichtgläubig bezeichnet, sprach Karol Wojtyla stets freundlich über ihn: ›Ich habe Gorbatschow immer für einen würdigen Mann gehalten‹, sagte der Pontifex in beinahe bedauerndem Ton nach dem Sturz des russischen Politikers. Er widersprach auch dem viel gehörten Argument, der Wandel im Osten sei ausschließlich auf wirtschaftliche Schwierigkeiten der ehemaligen Sowjetunion zurückzuführen und gab dann ›Gorby‹ so etwas wie den Apostolischen Segen, wenn er sagte: ›Wir dürfen die Perestroika nicht vergessen, und Perestroika heißt unter anderem Bekehrung.‹

Während die Päpste früher viel Zeit damit verbrachten, über Parteien und Politiker in die italienische Gesellschaft hineinzuregieren, sieht Johannes Paul II. sein Wirkungsfeld in der ganzen Welt, vergißt dabei aber nicht seine Sendung. ›Der Papst hat die Aufgabe‹, sagte er einmal in diesem Zusammenhang, ›das Evangelium zu predigen. Aber im Evangelium ist vom Menschen die Rede, von der Würde des Menschen und damit den Menschenrechten. Wenn das von politischer Bedeutung ist, dann habe ich auch politisch gehandelt.‹

Die Reaktion der italienischen Bevölkerung läßt erkennen, daß der erste nicht-italienische Pontifex seit Hadrian VI. aus dem 16. Jahrhundert mit der neuen Rollenverteilung einen guten Griff getan hat. Nach den Ergebnissen mehrerer Umfragen erkennt die Mehrheit der Befragten heutzutage nämlich die moralische Autorität der Kirche an, äußert sich hingegen skeptisch über ihre Einmischung in den politischen Alltag. In geradezu kindlicher Zuneigung erteilen Kirchgänger und kirchenferne Bürger dem Papst in seinem Gesamtverhalten gute Noten, merken jedoch kritisch an, sein Verhalten sei allzu sehr bestimmt durch die Erfahrungen, die er in seiner polnischen Heimat gesammelt hat. ›Ist es wahr, daß die Kirche eine neue weltliche Herrschaft angetreten hat?‹ so lautete eine Frage des demoskopischen Instituts Makno an eine Gruppe von fast tausend ausgesuchten Testpersonen. Die überwiegende Mehrheit antwortete hierauf mit ja.

Derweil läuft die Zusammenarbeit zwischen der Italienischen Republik und dem Vatikan auf bewährter Schiene. Gerade in den letzten Jahren nach einer Reform des zwischen Pius XI. und Mussolini geschlossenen Konkordats ist ein finanzieller Engpaß der Kirche in gemeinsamer Absprache elegant überwunden worden. Während der Staat bisher mit der ›congrua‹, das heißt mit einer ›angemessenen‹ Zahlung die Besoldung der Pfarramtsträger übernommen hatte, wobei alle anderen Priester leer ausgingen, stellt der Fiskus den Bischöfen seit Ende der achtziger Jahre einen kleinen Teil der an ihn gezahlten Einkommensteuer zur Verfügung. In einen neu aufgestellten Topf werden acht Promille des Steueraufkommens gefüllt, die für soziale Aufgaben bestimmt sind. Der Steuerzahler selbst entscheidet, ob sein Beitrag dem Staat, der katholischen Kirche oder einer anderen Glaubensgemeinschaft ausgehändigt werden soll.

Anfangs befürchtete die Bischofskonferenz, das Reformsystem werde für sie einen schweren finanziellen Einbruch bringen. Mit einer geschickten Werbekampagne, in der sie die biblische Erzählung von der wunderbaren Brot- und Fischvermehrung für ihre Zwecke ausnutzten, riefen die Bischöfe alle Gläubigen zu Hilfe, sie sollten durch ihren Beitrag die Katastrophe von der Kirche abwenden. Zur allgemeinen Überraschung aber schnitten die Bischöfe mit den acht Promille weitaus besser ab als in dem inzwischen ausrangierten Rahmen der ›congrua‹: Sie dürfen sich rund drei Viertel des Geldes aus dem Sozialtopf nehmen. Das restliche Steueraufkommen steht dem Staat und den weniger bedeutenden evangelischen Kirchen zur Verfügung. Offenbar ist das Mißtrauen des italienischen Durchschnittsbürgers gegen die Institutionen der Republik so tief verwurzelt, daß er die Papstkirche bei allen Meinungsverschiedenheiten noch dreimal so hoch einschätzt.

Mehr als in anderen Ländern mit katholischer Bevölkerung genießt die Kirche südlich der Alpen einen Vertrauensbonus. Obwohl der Kirchenstaat seit über 120 Jahren zu existieren aufgehört hat, obwohl Rom nicht mehr für jeden Bürger das letzte Wort in Fragen der Sittenlehre spricht, bleibt der Papst als reale Macht neben dem Staat, manchmal sogar gegen den Staat, bestehen. ›Aus seiner Geschichte erklärt sich‹, so schreibt der Historiker Ernesto Galli della Loggia, ›daß Italien in Krisensituationen auf die Kirche als eine Art nationaler Reserve zurückgreifen kann. Um es knapp zu sagen: Durch die Kirche hat Italien immer eine Karte mehr im Spiel.‹ Als Beispiel führt Galli die Zeit zwischen 1942 und 1948 an, als Pius XII. ›seinem‹ Land die Hand reichte und es aus der durch Faschismus und Monarchie verschuldeten Katastrophe herausführte.

Aber ›die Karte mehr im Spiel‹ hat ihren Preis. Wenn vom Vatikan die Rede ist, wissen die italienischen Zeitungen nie so recht, ob sie ihn unter die Rubrik ›Ausland‹ oder ›Inland‹ einordnen sollen. Vom Gefühl her wird er von den meisten Bürgern noch heute als nationales Phänomen vereinnahmt. Tatsächlich steht der kleinste Staat der Welt in seiner Politik aber oft gegen die Bestrebungen der Italienischen Republik. Ein Drittel bis die Hälfte des römischen Parlaments trägt seit Kriegsende ein katholisches Vorzeichen, ist also in der Hand von ›Mamma Chiesa‹, von Mutter Kirche. Wie groß auch immer die Probleme sind, ›Mamma Chiesa‹ sorgt für eine Lösung, was dem Land im Konfliktfall oft genug von Nutzen war. Ebenso oft aber hat die italienische Demokratie gerade durch diese Sonderstellung der Kirche versäumt, auf eigenen Füßen gehen zu lernen. Ebenso wie die ›Mamma‹ in der Familie den erwachsenen Söhnen oft die Entscheidungen abnimmt, wirken die Oberhirten der Kirche mit daran, der größten politischen Kraft des Landes den Weg zu weisen.

Gerade diese Ausnahmesituation führt Italien am Ende des zweiten Jahrtausends, wo das politische Europa Gestalt annimmt, an einen Scheideweg. So wie Papst und Kurie sich zu einer Art ethischer Weltmacht entwickelt haben, deren Glaubwürdigkeit davon abhängt, daß sie über den Staaten und über den Interessengruppen schweben, so muß die Apennin-Republik nun ihre rein weltlich-wirtschaftliche Rolle als selbständiger EG-Partner spielen.

SCHLAG UND TRITT

Die heiteren Erlebnisse des rauflustigen Landpfarrers Don Camillo und seines politischen Widersachers Peppone haben Giovannino Guareschi Weltruf gebracht. Unvergessen ist die Verfilmung vieler Geschichten mit Fernandel und Gino Cervi in den Hauptrollen.

Eines der Schelmenstücke des politisch etwas rechtslastigen Autors auf diesem ›Streifen Erde zwischen Fluß und Berg‹, wie er den namenlosen norditalienischen Ort der Handlung nennt, spielt im Wahlkampf. Don Camillo läßt sich dazu hinreißen, von der Kanzel herab wild gegen den Bürgermeister Peppone und seine kommunistischen Anhänger zu wettern. Aus Rache lauert ihm ein Unbekannter bei Nacht auf und schlägt ihn mit einer Stange nieder. ›Schmiere dir den Rücken mit ein wenig Öl ein und sei still‹, rät Christus dem Priester, der sich vor dem Altar mit ihm über den Vorfall unterhält. Dann nimmt die Erzählung eine unerwartete Wendung:

Die Zeit verging und ein Abend kam, an dem Don Camillo noch zu später Stunde im Beichtstuhl saß und durch das Gitter das Gesicht des Häuptlings der extremen Linken, Peppone, erkannte.

Peppone im Beichtstuhl, das war ein Ereignis, bei dem einem der Mund offenstehen bleiben mußte. Don Camillo strahlte: ›Gott sei mit dir, lieber Bruder, mit dir mehr als mit irgend jemandem, weil du mehr als die anderen seinen Segen notwendig hast. Es muß schon lange her sein, daß du das letzte Mal gebeichtet hast.‹

›Es war 1918‹, antwortete Peppone.

›Stell dir nur alle die Sünden vor, die du in diesen dreißig Jahren mit all deinen heidnischen Gedanken im Kopf begangen hast!‹

›Na ja, es sind schon so manche‹, seufzte Peppone.

›Zum Beispiel?‹

›Zum Beispiel: vor zwei Monaten habe ich Sie geprügelt.‹

›Ernste Sache‹, antwortete Don Camillo. ›Indem du einen Diener Gottes beleidigt hast, fügtest du Gott selbst eine Beleidigung zu.‹

›Ich habe es bereut‹, rief Peppone. ›Außerdem habe ich Sie nicht als einen Diener Gottes, sondern als einen politischen Gegner geprügelt. Es war ein Moment der Schwäche.‹

›Außer dieser und der Zugehörigkeit zu deiner teuflischen Partei hast du noch andere schwere Sünden zu beichten?‹

Peppone schüttete den Sack aus. Alles in allem war es nicht viel, und Don Camillo fertigte ihn mit zwanzig Vaterunser und Ave Maria ab. Als dann Peppone an der Kommunionbank kniete, um seine Buße abzubeten, fiel auch Don Camillo vor dem Kruzifix auf die Knie.

›Jesus‹, sagte er, ›verzeih mir, aber ich hau ihm eine herunter.‹

›Daran darfst du nicht einmal denken‹, antwortete Jesus. ›Ich habe ihm vergeben, du mußt ihm auch vergeben. Im Grunde genommen ist er ein braver Mensch.‹

›Jesus, traue diesen Roten nicht. Sie sind furchtbar heimtükkisch. Schau ihn Dir gut an: hat er nicht ein Räubergesicht?‹

›Ein Gesicht wie alle anderen. Don Camillo, in dein Herz hat sich Gift eingeschlichen!‹

›Jesus, wenn ich Dir je gut und mit Hingabe gedient habe, dann bitte ich um diese eine Gnade: laß es wenigstens zu, daß ihm dieser Leuchter auf den Nacken fällt. Was ist schon so ein Leuchter, mein Jesus?‹

›Nein‹, antwortete Jesus. ›Deine Hände sind zum Segnen, nicht zum Schlagen da.‹

Don Camillo seufzte. Er verbeugte sich und verließ den Altar. Dann wandte er sich noch einmal um, um sich zu bekreuzigen, und befand sich so gerade hinter Peppones Rücken, während dieser kniend ganz im Gebet versunken war.

›In Ordnung‹, flüsterte Don Camillo, indem er die Hände faltete und zu Jesus hinaufschaute. ›Die Hände sind zum Segnen da, nicht aber die Füße!‹

›Auch das ist wahr‹, sagte Jesus vom Hochaltar, ›aber ich bitte dich, Don Camillo: nur einen!‹

Der Fußtritt traf wie ein Blitz. Peppone steckte ihn ein, ohne mit der Wimper zu zucken, stand dann auf und seufzte erleichtert: ›Zehn Minuten warte ich schon darauf‹, sagte er. ›Jetzt fühle ich mich viel besser.‹

›Ich auch‹, rief Don Camillo, und sein Herz war jetzt leicht und rein wie der heitere Himmel. Jesus sagte nichts. Man sah Ihm aber an, daß auch Er zufrieden war.

Aus: ›Don Camillo und Peppone‹ von Giovanni Guareschi, Rowohlt Taschenbuch, Hamburg, 1957.

›Magari‹, sagen die Italiener, das heißt so viel wie: ›Schön wär's ja.‹ Die ruppige, im Grund aber friedliche Begegnung zwischen Priester und kommunistischem Funktionär ist eine von breiten Leserschichten gern geglaubte Idylle, nicht die Wahrheit. In Wirklichkeit kam es nach dem Krieg zu blutigen Auseinandersetzungen und unversöhnlichem Streit zwischen den verfeindeten Gruppierungen. Bis in unsere Tage veröffentlichen die Zeitungen Enthüllungen über bewaffnete Strafexpeditionen der revolutionären Partei. Und die ›Klerikalen‹, das scheint inzwischen festzustehen, rüsteten auf für den Fall, daß die Linke – illegal oder legal – die Macht übernommen hätte.

Segensreiche Freiwillige

Wollen wir uns erinnern: Die meisten Italiener nennen sich auf eine farblose Weise ›katholisch‹. Die alte Kirchenstruktur ihres Landes läßt sie auf einer festeren Basis stehen als viele andere Christen Europas, und auch über 120 Jahre nach dem Untergang des Kirchenstaats greifen päpstliche Initiativen über die Bischöfe noch immer tief hinein in die Italienische Republik. Ist damit alles erklärt? Keineswegs! Das Wichtigste des religiösen Lebens südlich der Alpen ist noch unerwähnt: die Freude von Millionen Menschen, sich im Sinne der christlichen Lehre zu engagieren. Gewiß, der Dorfpfarrer bestimmt nicht mehr das sittliche Verhalten seiner Schäfchen. Die Amtskirche beklagt oft, daß ihre Lehren nicht mehr von allen befolgt werden. Doch die Bereitschaft ungezählter Menschen ist stark geblieben, das Evangelium ernst zu nehmen, es nicht allein auf dem Papier stehen zu lassen, sondern es in pulsierendes Leben zu verwandeln.

In den 26000 Pfarreien leben 8000 bis 9000 Gruppen, in denen zwischen 350000 und 400000 Jugendliche die unterschiedlichsten kulturellen und sozialen Aufgaben erfüllen. Weitaus größer ist die Zahl derer, die aus der Not des Alltags heraus als unbezahlte Freiwillige alte Leute pflegen, Behinderten helfen, sich mit gefährdeten Jugendlichen beschäftigen oder Aids-Kranke aus ihrer Isolation herausführen. Eine neuere Untersuchung nennt fünf Millionen Hilfswillige, die regelmäßig oder zeitweilig überall dort einspringen, wo die Not am größten ist, weil der italienische Staat seinen sozialen Verpflichtungen nur unzureichend nachkommt. Rund 70 Prozent der Freiwilligen sind mit der Kirche verbunden.

Es geht keineswegs immer um karitative Arbeiten im engsten Sinne. In der Toskana haben ›volontari‹ die freiwillige Feuerwehr organisiert. Sie fahren auch bei Tag und Nacht die Krankenwagen zum Einsatz, deren Dienst sonst in ganz Italien zu wünschen übrig läßt. Erst spät hat es sich die Italienische Republik einfallen lassen, die für sie lebenswichtige Tätigkeit der Freiwilligen gesetzlich zu regeln. Die Regionen, die den deutschen Bundesländern entsprechen, legen Listen von amtlich bestätigten Vereinigungen an, die jetzt endlich gewisse Vorteile genießen und dafür bestimmte Voraussetzungen erfüllen müssen. Eine Kirchengemeinde, die durch die Arbeit ihrer

Frauen und mit Hilfe von Spenden mehrmals in der Woche ein Mittagessen für Obdachlose kocht, mußte bisher für diesen ›Umsatz‹ Steuern zahlen. Heute bleibt ihr diese Abgabe erspart, sie muß aber nachweisen, daß die freiwilligen Helfer haftpflicht- und krankenversichert sind. ›Gewiß ist das ein Vorteil für uns‹, sagt eine junge Frau, die seit Jahren in einer römischen Gruppe arbeitet. ›Leider geht aber bei dem unvermeidlichen Papierkrieg ein Stück spontaner Begeisterung verloren.‹

In der kaum übersehbaren Zahl der katholischen Basisgruppen nimmt Sant'Egidio in Roms lebendigstem Quartier Trastevere eine Sonderstellung ein. Kurz nach dem Abschluß des Zweiten Vatikanischen Konzils Ende der sechziger Jahre entdeckten Schüler die Dritte Welt innerhalb der Mauern ihrer eigenen Stadt. Sie halfen in ihrer freien Zeit den im Elend lebenden Barackenbewohnern nicht nur, die tausend Schwierigkeiten ihrer Existenz zu überwinden, sie bemühten sich auch mit Erfolg, den Opfern der binnenländischen Völkerwanderung das Evangelium nahezubringen. Die Aufgaben der Gemeinschaft von ›Sant'Egidio‹ haben sich im Laufe der letzten 25 Jahre vervielfacht und zugleich, entsprechend der sich wandelnden Gesellschaft, grundlegend geändert. Die enge Bindung an das Wort Gottes und die Sakramente ist geblieben.

›Das Leben der Obdachlosen ist hart und kürzer als das Leben derer, die ein Haus, Essen und eine warme Umgebung haben‹, heißt es in einem Bericht der jungen Helfer, die heute meist als Kindergärtnerinnen, Lehrer, Kommunalbeamte und private Angestellte ihr Geld verdienen. Dem grausam vorprogrammierten Tod der am Rande der Gesellschaft lebenden Menschen versuchen sie, durch praktische Hilfe, aber auch durch zeitraubende, selbstlose Freundschaft mit den sonst ungeliebten Nomaden, afrikanischen Straßenhändlern und asiatischen Hausmädchen entgegenzuwirken. Viele der jungen Männer und Frauen in der ›comunità‹ verfügen nur deshalb über Freizeit, weil sie selbst arbeitslos geworden sind. ›Unsere Tätigkeit‹, sagt ein junger Student, ›gibt uns Kraft, die eigenen Probleme zu vergessen.‹ Gemeinsam ist ihnen allen eine von innen strahlende Fröhlichkeit, die mehr sagt als alle Antwort auf hundert neugierige Fragen.

Im römischen Großstadtleben sorgt Sant'Egidio von Zeit zu Zeit für farbige Schlagzeilen: Jedes Jahr lädt die Gemeinschaft einige hundert Entwurzelte, Verzweifelte und Gestrauchelte zu Gast, um mit

S. Egidio

Im urrömischen Stadtteil Trastevere hat die kleine Kirche S. Egidio mit dem angrenzenden Klarissenkloster nach dem Krieg große Bedeutung erlangt. Die Schwestern haben das vernachlässigte Haus schon Anfang der sechziger Jahre verlassen. 1968 richtete sich die Schülergruppe eines altsprachlichen Gymnasiums hier häuslich ein. Der Wunsch, den Armen Roms zu helfen und ihnen den Weg zum Glauben zu öffnen, brachte sie zusammen. Sie sorgten sich um die Barackenbewohner am Stadtrand, organisierten Altenwohnheime und gaben entwurzelten Jugendlichen Halt. Mit der veränderten Welt änderten sich auch die Aufgaben der zu Männern und Frauen heranwachsenden Helfern. Heute versorgen sie täglich viele hundert Obdachlose mit warmem Essen. Sie stehen den aus der Dritten Welt Eingewanderten zur Seite im Kampf ums Überleben. Ihr ›Reiseführer für Mittellose‹ gibt verlassenen Menschen wichtige Tips. In Rom und Neapel, in Antwerpen und Würzburg, in Holland, Spanien und jetzt auch in Osteuropa gibt es inzwischen 15 000 Freunde S. Egidios.

ihnen in der traditionsreichen Kirche Santa Maria in Trastevere die Weihnacht zu feiern. Bei diesem Fest fehlt es nicht an gutem Essen, an Geschenken und an Herzlichkeit. Die jungen Helfer, die mit päpstlicher Genehmigung in einem ausgedienten Nonnenkloster wirken, haben einen ›Hotelführer‹ für Mittellose herausgegeben, in denen hundert nützliche Adressen zu finden sind. Wer ein Obdach sucht, warmes Essen und die Möglichkeit, für ein paar Lire zu duschen, findet die notwendigen Informationen. Die ›volontari‹ im alten Handwerkerstadtteil auf der rechten Tiberseite füllen für außereuropäische Einwanderer schwer verständliche Formulare aus und sorgen dafür, daß Roma- und Sinti-Kinder Gelegenheit zum Schulbesuch finden. Sie trösten Aids-Infizierte und widmen sich geistig und körperlich Behinderten.

Längst ist die Arbeit von Sant'Egidio nicht mehr auf Rom beschränkt. Sie wirkt segensreich in Neapel, Genua und einem halben Dutzend anderer italienischer Städte. In Europa sind die vielen tausend Helfer inzwischen auch in Belgien, Holland und Spanien bekannt. Ihr wichtigster Stützpunkt in der Bundesrepublik ist Würzburg, und so erklärt es sich, daß die Informationsschrift ›Briefe aus S. Edigio‹ seit einiger Zeit auch auf Deutsch erscheint. Weitere Stationen sind in der CSFR und Ungarn. S. Egidio steht mit Kamerun in engem Kontakt, mit Mosambik und der Elfenbeinküste, mit Guatemala, Salvador, Mexiko, Argentinien und Vietnam. 24 Jahre nach der Gründung der nur locker organisierten Schüler-Vereinigung ist die Zahl der Aktiven auf 15 000 gestiegen.

Der Heilige Franziskus hat vor fast 800 Jahren viele Wunder vollbracht, indem er seine ›schlafenden‹ Zeitgenossen zur Nachfolge des mildtätigen Gottessohnes ermunterte. Die Aktivität von Sant'Egidio beweist, daß sein Geist bis ins unsere Tage nachwirkt. Auch heute noch steht der ›Dritte Orden‹ des Franz von Assisi allen Laien offen, die sich von seiner Kraft angezogen fühlen. Wie zu seiner Zeit bleibt das Werk des Heiligen zugleich mitten in und doch am Rande der römischen Amtskirche. Viele Mitwirkende des Dritten Ordens sind nämlich nicht katholisch.

Die Vielfalt der christlichen Gruppen, Gemeinschaften, Bewegungen und Vereinigungen läßt sich in diesem kurzen Beitrag nicht beim Namen nennen. Nur einige der bedeutendsten seien herausgegriffen: Die aus der englischen Welt kommende Pfadfinderbewegung tauchte in Italien erst 1910 auf, lebte während des Faschismus im Untergrund und konnte sich erst nach dem Zweiten Weltkrieg frei entwickeln.

Die heute in 187 Nationen präsenten ›Focolarini‹, eine auf praktische Nächstenliebe ausgerichtete Gemeinschaft, die stark zur Verinnerlichung neigt, entstand in der letzten Kriegsphase in Trient. Die kirchenfrommen und die aufmüpfigen Basisgemeinschaften in allen Teilen Italiens waren die direkte Folge des Zweiten Vatikanischen Konzils und des daraus resultierenden reformierten Kirchenverständnisses. Auch die Studentenrevolte am Ende der sechziger Jahre hinterließ ihre Spuren im Kirchenraum. Die allzu weit nach links abdriftenden Basis-Christen, etwa wie die römische ›comunità‹ San Paolo, sind seit langem von Papst und Amtskirche in ein trauriges Ghetto gesperrt worden. Andere waren von vornherein mehr auf Konsens mit der Hierarchie bedacht, oder sie konnten inzwischen mit dem Vatikan Frieden schließen.

Über die auch in Italien mit rund 3000 Mitgliedern vertretene Vereinigung ›Opus Dei‹, die 1928 von dem spanischen Monsignore Josemaria Escrivà de Balaguer gegründet wurde, sind mehr düstere Vermutungen als Gewißheiten in Umlauf. Johannes XXIII. und Paul VI. hielten kühle Distanz zu der Organisation, die erst Johannes Paul II. in den Stand einer ›Prälatur des Heiligen Kreuzes‹ erhob und sie damit sich selbst unmittelbar unterstellte. Obwohl Escrivà de Balaguer viele Jahre im Verdacht stand, den Freimaurern anzugehören, mit dem Franco-Regime sympathisierte und allzu freundliche Ansichten über Hitler-Deutschland verbreitete, hielt es Karol Wojtyla für richtig, ihn im Mai 1992 seligzusprechen. Dabei scheute er nicht vor den Protesten der italienischen Israelitischen Gemeinschaft zurück und nicht vor den Bedenken liberal gesinnter Katholiken. Ein klares Zeichen von Sympathie für die Gesellschaft mit dem Charakter eines Geheimbundes gab der Papst schon, als er Joaquin Navarro Valls, den konservativen Journalisten und Anhänger von ›Opus Dei‹ zum Vatikansprecher machte.

›Mondo X‹ soll als ein besonders gut gelungenes Beispiel genannt werden für hilfreiche Gruppen, die sich liebevoll den Gefährdeten und Notleidenden am Rande unserer Konsumwelt widmen. Diese in Norditalien entstandene ›Welt X‹ hat schon viele tausend junger Menschen von ihrer Drogenabhängigkeit befreit. Den quicklebendigen Franziskanerpater Eligio nennen sie ›Herz und Seele unserer Gemeinschaft‹. Auf der ›Suche nach dem Menschen, diesem aussterbenden Wesen‹, richtete er schon 1957 in Mailand das ›telefono amico‹ ein, das Telefon als Freund. Ende der sechziger Jahre meldeten sich die ersten Rauschgiftopfer.

›Zu Anfang haben wir uns noch auf die Wissenschaft gestützt‹, erinnert sich Pater Eligio, ›doch das brachte uns nicht weiter. Jetzt wissen wir: Nicht Kranke kommen zu uns, sondern junge Menschen in einer tiefen Existenzkrise. Die läßt sich nur durch eine Lebensgemeinschaft mit anderen überwinden.‹ Die erste ›comunità‹ entstand 1974 nahe dem lombardischen Cozzo in einem verwahrlosten Schloß. Mit der Übernahme war die Auflage verbunden, das Gebäude zu restaurieren. ›Wenn's weiter nichts ist‹, strahlte der kleine Pater mit franziskanischem Optimismus. Maurer und Zimmerleute, Schreiner und Gärtner brachten den Jungen und Mädchen ihr Handwerk bei, bis jeder Handgriff saß. Seit Jahren unterhalten sie in dem einst überfluteten Souterrain ein Luxusrestaurant.

Heute arbeitet ›Mondo X‹ an 35 italienischen Orten vor allem im Gastgewerbe. Vom Norden bis zum äußersten Süden werden die kleinen Hotels und Gaststätten der Gemeinschaft von gutbetuchten Geschäftsleuten und Gourmets als Geheimtip gehandelt. ›Wir nehmen das Geld von denen, die es haben‹, erklärt Pater Eligio lachend. Zentrum der ›Welt X‹ ist das Franziskanerkloster bei Cetona nahe dem Trasimenischen See. Hier wie in den anderen ›comunità‹ leben 1200 ehemals Drogenabhängige zusammen. Die Therapie besteht aus harter Arbeit und strenger Abstinenz. Sogar Rauchen ist verboten. Wann dann eine oder einer aus der Gemeinschaft wieder in die Welt da draußen entlassen wird, das bestimmen alle zusammen, doch jeder hat die Freiheit, das Experiment abzubrechen, wann es ihm beliebt.

Die großen Erfolge geben dem Konzept von ›Mondo X‹ recht. Dabei lehnt die Gemeinschaft eine enge Zusammenarbeit mit den Behörden ab. Vor allem vertrauen die jungen Leute, die früher einmal ›drogati‹ gewesen sein mochten, auf ihre eigene Kraft. Sie restaurieren historische Gebäude und verwandeln Bauernhäuser in Hotels. Sie bauen Gemüse an, gewinnen Olivenöl und backen Brot. Der Verkauf der eigenen Produkte wirft einen bescheidenen Gewinn ab. Im übrigen sind Geldspenden verpönt. Doch das Geschenk eines sizilianischen Gönners hat Pater Eligio mit Freuden angenommen: Der wohlhabende Freund übertrug ›Mondo X‹ eine Insel südlich der Hafenstadt

Trapani, die kaum größer ist als ein Fußballplatz. Hier finden sich Spuren von 14 europäischen und afrikanischen Kulturen. Das gibt neue Arbeit für die Restauratoren innerhalb der Gemeinschaft.

Eine höllische Madonna

Der piemontesische Arzt, Kunstmaler und Schriftsteller Carlo Levi (1902–1975) widmet sich in seinem erschütternden Bericht ›Cristo si è fermato a Eboli‹ (Christus kam nur bis Eboli) mit Scharfblick und menschlichem Mitgefühl den Bauern des von der Moderne so gut wie unberührten Südens. Als Antifaschist wird er vor dem Zweiten Weltkrieg vom Regime des ›Duce‹ für einige Jahre in ein gottverlassenes Dorf nach Lukanien in die Verbannung geschickt, wo er die primitiven Sitten und die teils noch magischen Bräuche der Bevölkerung kennenlernt. Es folgt eine Szene, die er mit der Feststellung eröffnet ›Auch katholische Zeremonien werden zu heidnischen Riten‹:

Es war Mitte September geworden, und der Sonntag der Madonna herangekommen. Seit dem Morgen waren die Straßen voll von schwarzgekleideten Bauern; auch Fremde tauchten auf, Musiker aus Stigliano und Feuerwerker aus Sant'Arcangelo, welche die Zünder und Feuerfrösche abbrennen sollten. Der Himmel war hell und leicht, und manchmal tönte durch die Luft der düstere Klang der Glocken oder der Knall einiger Schüsse. Die Bauern leiteten mit ihrem Geknatter das Fest ein.

Als sich die Hitze am Nachmittag gelegt hatte, begann die Prozession. Sie ging von der Mitte der Kirche aus und durchzog den ganzen Ort. Zunächst kletterte sie bis hinauf zum Friedhof, dann stieg sie wieder hinunter auf den Platz, darauf zum Plätzchen bis nach Untergagliano und zur zusammengestürzten Madonna degli Angeli, um darauf auf dem gleichen Weg wieder zum Ausgangspunkt zurückzukehren und in die Kirche einzuziehen. Voran schritten junge Leute mit Stangen, an denen als Standarten weiße Tücher, Laken, angeheftet waren, die sie hin und her bewegten und schwenkten, dann kamen die Bläser der Stiglianokapelle mit glänzenden, lauten Trompeten. Hinter diesen wurde die Madonna abwechselnd von zwölf Männern unter einem von zwei langen Stangen gehaltenen Baldachin getragen. Es war eine armselige Madonna aus bemalter Pappe, eine bescheidene Kopie der berühmten, sehr mächtigen Madonna von Viggiano und hatte wie diese ein schwarzes Gesicht; sie war in Festkleider gehüllt und mit Ketten und Armbändern bedeckt.

Der Madonna folgte Don Trajella mit einer weißen Stola über seiner fleckigen Soutane, wie gewöhnlich müde, abgezehrt und gelangweilt aussehend; dahinter der Bürgermeister mit dem Carabinieri-Feldwebel, dann die Honoratioren und danach die Frauen, alle zusammen in einem großen Gewoge von weißen Schleiern, und schließlich die Jungen und die Bauern. Ein starker frischer Wind wehte, der Wolken von Staub aufwirbelte und Röcke, Schleier und Fahnen aufblähte: vielleicht wird ein Regen fallen, den man in den vielen glühend-heißen Monaten vergebens herbeigefleht und ersehnt hatte. Beim Vorbeiziehen der Prozession explodierten mit großem Lärm die Raketen, die man in einer doppelten Reihe längs der Straße aufgepflanzt hatte. Die Zündschnüre wurden angesteckt, die Pulverstreifen fingen Feuer, und die Feuerwerkskörper gingen los, während die Bauern mit Gewehren unter ihre Haustüren traten und in die Luft schossen. Das Knattern und Prasseln wollte nicht enden und wurde nur vom plötzlichen Getöse einer stärkeren Ladung unterbrochen, die nachhallte und das Echo in den Schluchten weckte.

In diesem Schlachtenlärm sprach aus den Augen der Anwesenden nicht etwa Freude oder religiöse Begeisterung, sondern eine Art von Irrsinn, ein heidnisches Losgelassensein, wie eine Betäubung, der man sich hingibt. Alle waren erregt. Die Tiere rannten erschreckt hin und her, die Ziegen hüpften, die Esel schrien, die

Hunde bellten, die Kinder heulten, und die Frauen sangen. Unter den Türen ihrer Häuser erwarteten die Bauern die Prozession mit Körben voller Getreide, das sie mit vollen Händen der Madonna streuten, damit diese der Ernten gedenke und Glück spende. Die Körner flogen durch die Luft und fielen auf die Pflastersteine, wo sie mit leichtem Geräusch wie Hagel aufprallten. Die Madonna mit dem schwarzen Gesicht mitten unter dem Korn, den Tieren, den Schüssen und Trompeten war nicht die barmherzige Mutter Gottes, sondern eine unterirdische schwarze Gottheit im Schoß der Erde, eine bäuerliche Proserpina, eine höllische Erntegöttin. Vor den Türen einiger Häuser, an Stellen, wo die Straße sich verbreiterte, waren weißgedeckte Tische aufgestellt wie kleine ländliche Altäre. Vor ihnen machte die Prozession halt, Don Trajella murmelte einen Segensspruch, und Bauern und Frauen eilten mit Gaben herbei. Sie hefteten Münzen an die Gewänder der Madonna, Fünf- und Zehnlirescheine und sogar Dollars aus dem eifersüchtig gehüteten Rest ihrer amerikanischen Ersparnisse.

Aus: Carlo Levi, ›Christus kam nur bis Eboli‹, Europa Verlag AG Zürich, 1973.

Der vierbeinige Heilige

Neuankömmlingen gibt man in Rom gern das Rätsel auf: ›Welcher Heilige hat vier Beine?‹ Die Lösung: Der Heilige Stuhl. Selbst alte Römer wissen nicht immer, daß die ›Santa Sede‹ nicht dasselbe ist wie der Vatikan. Die Staaten dieser Welt, soweit sie mit dem Oberhaupt der katholischen Kirche diplomatische Beziehungen unterhalten, sind an der Einheit von Papst und seinen römischen Behörden, der Kurie, interessiert. Der Vatikan mit seinen wenigen Besitzungen in der Ewigen Stadt und in der angrenzenden Region Latium ist ein Stückchen

Land, das von einem absoluten Herrscher regiert wird. Er ist kleiner als ein normaler Golfplatz, hat keine Industrie, keine nennenswerte Bevölkerung, gehört keinem Bündnis an und unterhält keine internationalen Verkehrsverbindungen. Für die anderen Länder ist er also nur von geringem Interesse. Worauf es den Staaten ankommt, das ist die geistliche Autorität des Petri-Nachfolgers. Der ›Heilige Stuhl‹ macht diese Substanz sichtbar, besser als der im Jahre 1870 unter dem Ansturm piemontesischer Bersaglieri zusammengebrochene Kirchenstaat, hinter dessen Fassade der christliche Auftrag oft verborgen blieb und nicht selten verfälscht wurde.

Trotz solcher Unterscheidung greifen die Institutionen Heiliger Stuhl, Vatikan und oberste Kirchenleitung mit dem Papst an der Spitze oft ineinander über. Als Regierung dieses verschachtelten Wesens fungiert die Kurie mit dem Staatssekretariat als wichtigster Behörde. Hier laufen alle an den Papst gerichteten Briefe ein, seien sie nun von bedeutenden Persönlichkeiten geschrieben oder von unbekannten Absendern. Die in Sprachgruppen eingeteilten Monsignori, Patres und Mitarbeiterinnen öffnen die Post und fertigen von allen Schreiben eine knappe Übersetzung ins Italienische an. Manche Anfragen nehmen mit zunehmendem Alter an Umfang zu. Wenn die Bemerkungen der Sachbearbeiter am Rand nicht mehr ausreichen, werden zwei oder drei Notizblätter mit einer Büroklammer angeheftet. In schwierigen Fällen erhält der Vorgang eine ›camicia‹, wörtlich: ein Hemd. Gemeint ist ein weißes Blatt Papier, das aus der Anfrage eine kleine Akte macht. Jeder Brief wird beantwortet, wenn auch manchmal nur mit einem vorformulierten Text. Routineschreiben unterzeichnet der Monsignore, wichtigere Briefe ein höherer Prälat. Keine Sendung läuft über die Post, obwohl die Vatikanpost hohes Ansehen genießt. Der vorgeschriebene Weg führt über die Nuntiatur.

Die zehn päpstlichen Dikasterien lassen sich mit den Ministerien eines weltlichen Kabinetts vergleichen. Ihnen steht eine große Zahl von ›Räten‹ und Kommissionen zur Seite. Während der Kardinalstaatssekretär die Rolle des Ministerpräsidenten spielt, entspricht der Rat für die öffentlichen Angelegenheiten dem Auswärtigen Amt. In der Zeit der päpstlichen Ostpolitik war diese Behörde in ihrem Einfluß auf die Weltpolitik wichtigste Behörde der päpstlichen Regierungsspitze. Hier wurden die Weichen gestellt für die neue Kirchenordnung in den absterbenden kommunistischen Ländern Osteuropas. Hier laufen auch heute noch die Fäden zusammen, die alle ›Botschafter‹ des Papstes, die Nuntien, in aller Welt mit Rom knüpfen.

Andererseits senden rund hundert Staaten aus allen fünf Erdteilen ihre diplomatischen Vertreter nach Rom. Aber keiner von ihnen residiert hinter den Leoninischen Mauern, die den Vatikan einschließen. Dazu fehlt der Platz. Einige verrichten ihre Arbeit sogar von Genf aus, von Brüssel, Madrid oder Athen. Für die Außenministerien der beim Heiligen Stuhl akkreditierten Staaten ist es zwar von großer Bedeutung, mit den führenden Prälaten des Pontifex in Kontakt zu sein. Dennoch sind die päpstlichen Behörden weit davon entfernt, eine moderne, effiziente Arbeit zu leisten. Bei jeder Audienz wird deutlich, wieviel Zeit in Traditionspflege und Zeremoniell investiert wird: Schon der in Edelhölzern gearbeitete Fahrstuhl zur päpstlichen Bibliothek findet in der Welt nicht seinesgleichen. Auf seiner Anzeigetafel erscheint der ›Cortile Belvedere‹ und der ›Cortile San Damaso‹, weiter nach oben die ›prima loggia‹, die ›seconda loggia‹ und die ›terza loggia‹, ehe der Gast endlich die Flucht der Säle durchschreiten darf.

Einer preußischen Tradition folgend, war der deutsche Vertreter beim Heiligen Stuhl bis zum Ende des Zweiten Weltkriegs immer evangelisch. Auch später bildeten die Protestanten die Mehrheit. Wie die meisten Länder mit einem großen Anteil katholischer Bürger unterstützt in der deutschen Botschaft ein ›Geistlicher Rat‹ die Arbeit der Diplomaten. Dieser Priester, meist ein erfahrener Seelsorger oder auch ein Theologieprofessor, findet sich in den verschlungenen Gängen der vatikanischen Welt leichter zurecht als die offiziellen Vertreter seines Landes. Der Botschafter selbst sieht den Papst meist nur zweimal in seiner Amtszeit: bei der Ankunft und beim Abschied. Den Kardinalstaatssekretär besucht er etwa einmal im Monat. Der Geistliche Rat hingegen stattet den hohen Herren im Staatssekretariat und den Präfekten der Kongregationen, die ja alle Kardinäle sind, nicht nur amtliche Besuche ab. Viele von ihnen kennt er schon aus seiner früheren Tätigkeit. Jedenfalls verhilft ihm der schwarze Rock zu einem lockeren Kontakt mit den Amtsbrüdern, mit denen sich gerade deshalb knifflige Probleme ohne den Druck des Offiziellen leichter besprechen lassen.

Weniger dem Blick der Öffentlichkeit ausgesetzt sind die Dikasterien oder päpstlichen Spitzenämter, von denen die Kongregation für die Glaubenslehre, früher einmal Heilige Inquisition genannt, die wichtigste ist. Hier gleich neben den Bernini-Kolonnaden wachen Theologen und Kirchenrechtler darüber, daß die Schriften katholischer Autoren die kirchliche Doktrin nicht verletzen. Sie entscheiden, ob heiratswillige Priester von ihrem Amt entbunden werden und urteilen darüber, ob andere Geistliche sich gegen ein Sakrament vergangen haben. Die übrigen Kongregationen befassen sich mit: den Bischöfen, der Ostkirche, dem Gottesdienst, den Selig- und Heiligsprechungen, den Priestern, den Ordensleuten, der Glaubensverbreitung und der katholischen Bildung. Von den drei Gerichten ist die Sacra Romana Rota das bekannteste, weil es über die Auflösung ›nichtiger‹ Ehen das letzte Wort spricht.

Selbst der mit weniger als einem halben Quadratkilometer kleinste Staat der Welt braucht Bedienstete, damit die Geschäfte ihren Lauf nehmen. Früher einmal schätzte sich ein Laufbursche, ein Chauffeur oder ein Portier in päpstlichen Diensten glücklich, weil er mit seiner sicheren Stellung der Familie ein bescheidenes Auskommen garantieren konnte. Heute werden Klagen laut im Reich des Papstes, und zu Anfang der 90er Jahre riefen die 900 organisierten Beschäftigten aus einer Gesamtzahl von 3400 Arbeitskräften (260 von ihnen sind Frauen) für einen Tag zum Streik. Nach einer kürzlich verabschiedeten Ordnung unterscheidet der apostolische Arbeitgeber zehn verschiedene Besoldungsgruppen. Die Angehörigen der niedrigsten Lohnklassen müssen keine, die der mittleren eine solide schulische und die der obersten eine akademische Ausbildung vorweisen. Das ist in der Italienischen Republik nicht anders, nur: die Lohntüte ist draußen vor der Porta Angelica um 15 bis 30 Prozent besser gefüllt.

Den Anstoß zum entschlossenen Arbeitskampf der Vatikan-Bediensteten gab der Papst selber. Mit seiner Enzyklika ›Centesimus annus‹, die an das Sozialpapier Papst Leos XIII. aus dem Jahre 1891 erinnerte, stellte sich Johannes Paul II. uneingeschränkt auf die Seite der sozial Schwächeren. In seinem eigenen Reich allerdings fällt es der gewerkschaftsähnlichen Interessenvertretung der Laien schwer, ihr Recht durchzusetzen. Selbstverständlich verzichten die 640 Kardinäle, Bischöfe und Priester, die 270 Mönche und die 130 Schwestern unter den Beschäftigten des Vatikans auf jede Form des Arbeitskampfes und versehen ihren Dienst, wenn es denn sein muß, auch am Wochenende.

Die Klagen der päpstlichen Schreiber und Fahrer, der Wachbeamten und Saaldiener müssen einen Außenstehenden auf den ersten Blick in Erstaunen versetzen: Ihr Bruttoeinkommen von fast 2000 Mark erhöht sich noch, weil sie die günstigen Einkaufsmöglichkeiten im vatikanischen Supermarkt nutzen können. Außerdem haben sie mehrmals im Monat Gelegenheit, steuerfreies Benzin zu tanken, das im Vergleich zum benachbarten Italien 30 Prozent billiger ist. Berechtigten Anlaß, sich zu beschweren, haben hingegen die höheren Funktionäre mit Studientiteln. Ihr Einkommen überschreitet das des Fußvolks nicht einmal um 1500 Mark. Selbst die Möglichkeit, sich einen kleinen Nebenverdienst zu verschaffen, ist für die Beschäftigten im Reich des Papstes entsprechend den strenger gewordenen Vorschriften geringer geworden.

Katholisch sein müssen alle, die im Vatikan arbeiten. Das steht in ihren Dienstvorschriften. Die moralischen Prinzipien der Kirche hat jeder genau zu befolgen. Neuerdings ist es den Bediensteten sogar verboten, kleine Sach- oder Geldgeschenke anzunehmen, die seit Menschengedenken ihren Lohn etwas aufbesserten. Sogar persönliche Beziehungen sollen künftig nicht mehr den Ausschlag geben bei der Einstellung neuer Kräfte. ›Im Reich des Papstes‹, schrieb der Osservatore Romano, das Sprachrohr des Pontifex, ›gelten andere Regeln als in einer privaten Firma. Die Angestellten müssen sich nämlich eins fühlen mit der Heilsmission der Kirche.‹ Doch solange es Kardinäle gibt hinter den Vatikanmauern, die sich massiv für ihre Schützlinge einsetzen, werden sich solch puritanische Vorschriften wohl nicht durchsetzen lassen. Die Vatikan-Gewerkschaft und ihre Mitglieder fühlen sich ohnehin durch die von einem Kardinalsgremium festgelegten Arbeitsnormen überrollt. Ein Sprecher zuckt resigniert die Schultern: ›Wir sind nicht einmal um unsere Meinung gefragt worden.‹

Die Kirche ist immer dabei

Eindrucksvoller als jeder andere Schriftsteller unseres Jahrhunderts schildert der Sizilianer Leonardo Sciascia (1921–1989) die Menschen seiner heimatlichen Insel Sizilien. Über Italien hinaus wurde er vor allem durch seine Erzählungen ›A ciascuno il suo‹ (Jedem das Seine) und ›Il giorno della civetta‹ (Der Tag des Käutzchens) bekannt, in denen er die Macht und die Grausamkeit der Mafia schildert. Der Anfang der achtziger Jahre über die Liste der Kommunisten ins römische Parlament gewählte Sciascia steht gewiß nicht im Verdacht, kirchenfromm gewesen zu sein. Trotzdem verrät seine Prosa, daß die Menschen des Südens bis in die banalsten Winkel ihres Alltags hinein unter dem Einfluß der römisch-katholischen Kultur stehen. In seiner Erzählung ›Il mare colore del vino‹ (Das weinfarbene Meer) schildert er die Eisenbahnfahrt des venezianischen Ingenieurs Bianchi von Rom nach Agrigent zusammen mit der Familie des Lehrerehepaars Micciché. Was auch immer geschieht – von den Unarten der Kinder und den Reiseerlebnissen der Eltern bis zum verliebten Geplauder des Ingenieurs mit dem jungen Mädchen im Abteil – immer schleichen sich Heilige, Papst und Priester ins Gespräch ein.

Die hübsche Signorina trägt ein traurig schwarzes Kleid, weil ihre Mutter das dem Ortsheiligen Calogero versprochen hat. Lehrer Micciché erklärt sich zwar erhaben über solchen ›Aberglauben‹, muß aber auf Drängen seiner Frau zugeben, in Rom betend und auf Knien die Heilige Treppe hinaufgerutscht zu sein.

Obwohl seine Eltern ihm mit der Polizei drohen, produziert sich der sechsjährige Sohn unablässig mit gewagten Schimpfwörtern. Daraus entwickelt sich folgender Dialog:

›Das Christkind weint. Jedesmal wenn du böse Wörter sagst, weint es‹, sagte die Mutter.

›Wo ist das Christkind?‹ wollte Nené wissen.

›Es ist im Himmel und auch hier. Es ist überall.‹

›Ich habe es noch nie gesehen‹, sagte Nené kalt.

›Man sieht es nicht, aber es ist da.‹

›Wenn man's nicht sieht, ist es nicht da.‹

›Das ist Gotteslästerung‹, sagte die Mutter.

›Du kommst in die Hölle‹, fügte Lulù, der ältere Bruder, hinzu.

›Die Polizei kommt in die Hölle‹, sagte Nené. Da lachten alle, auch die Mutter ...

Als der auf eine verstreute Weise verliebte Ingenieur für ein paar Minuten auf dem Gang des D-Zug-Wagens mit dem Mädchen spricht, behält das Gespräch seine sakralen Akzente:

›Gerlanda ist ein schöner Name.‹

›Nein, er ist nicht schön. Nur in der Provinz Agrigent heißen die Mädchen so. Sankt Gerlando ist der Schutzheilige der Stadt, ihr erster Bischof.‹

›War auch Sankt Calogero Bischof?‹

›Nein, Sankt Calogero war ein Eremit. Sie waren zu Hause sieben Brüder, sagt die Legende, alle sieben hießen Calogero. Einer kam in unser Städtchen Nisima. Sieben schöne Alte: Calogero heißt in Griechisch ›schöner Alter‹. Aber ich kann kein Griechisch. Und Sie? ...

Sogar der gutmütige Streit zwischen dem Ingenieur und dem Lehrer über die Förderung des sizilianischen Erdöls vor der Küste von Gela durch einen staatlichen Konzern findet einen ›heiligen‹ Abschluß. Micciché ist davon überzeugt, daß die aus dem Norden wieder einmal das Geschäft machen, auf dem Rücken der Südländer. Zur Bekräftigung erinnert er an eine Komödie aus dem vergangenen Jahrhundert:

›Das Erdöl? Glauben Sie mir, das saugen sie uns weg‹, sagte der professore, ›sie saugen es einfach weg. Sie kennen doch Musco in dem Stück ›San Giovanni‹ von Martoglio? Der stellte eine Öl-

lampe vor die Heiligenfigur. Und jeden Tag kam ein Nachbar und nahm heimlich das Öl heraus. Genau so machen sie es auch mit dem Rohöl: mit einem langen Rohr von Mailand bis nach Gela.‹

Zitiert nach: ›Il mare colore del vino‹ von Leonardo Sciascia, Giulio Einaudi editore s. p. a., Torino, 1973.

Wie heißt Computer auf Latein?

Aus der katholischen Messe ist auch in Italien das Lateinische fast völlig verschwunden. Offiziell gilt der Text in der alten Kirchensprache zwar noch bei wichtigen päpstlichen Dokumenten. Doch niedergeschrieben werden die Enzykliken des Papstes und die Lehrbriefe der Kurie auf polnisch oder englisch, auf französisch oder italienisch. Ihre lateinische Form finden sie erst mit Hilfe eines Fünf-Mann-Teams im päpstlichen Staatssekretariat, an dessen Spitze ein amerikanischer Karmeliter steht.

›Die Schwierigkeit, Gegenstände aus unserm Alltag in die Sprache Caesars, Ciceros und des Heiligen Augustinus zu übertragen‹, sagt der erfahrene ›latinista‹ nachdenklich, ›ist gar nicht so groß. Das Lateinische ist eine reiche Sprache, und die Kultur der alten Welt umfaßte schon die meisten Dinge, von denen wir reden.‹ Schwierig wird es erst mit Begriffen, die es im Altertum noch nicht gab. Einen Kraftwagen als ›auto vehiculum‹ zu bezeichnen, dazu gehört nicht viel. Ob das in der alten Welt unbekannte Haushaltsgas mit dem für das Lateinische fremden Wort ›gasum‹ übersetzt werden soll oder lieber mit ›vapor‹, darüber diskutieren die päpstlichen Gelehrten.

Am heftigsten aber wird der Streit bei neuen Begriffen aus unserer Zeit; dabei haben die Latinisten keinen Papst, dessen Spruch sie sich unterwerfen müßten. Den stalinistischen Personenkult als ›cultus personae‹ zu bezeichnen, das hat niemanden so recht befriedigt. ›Es kommt darauf an, die Bedeutung eines Begriffs klar zu erfassen‹, sagt einer aus der päpstlichen Crew, ›dann ist auch die richtige lateinische

Vokabel da.‹ Also wurde der Personenkult zum ›cultus unius hominis‹, zum Kult um einen einzelnen Menschen, und jedem Lateiner greift es ans Herz: Eine solche Präzision ist in keiner anderen Sprache möglich!

Auf verlorenem Posten verteidigen die fünf Experten das Kirchenlatein gegen den wachsenden Widerstand in der Welt, aber auch in der Kirche. Die vielen jungen Priester in der Dritten Welt beherrschen die Sprache der Kirchenväter nicht mehr, und auch in Europa schwindet die Zahl der Theologen, die ihren Augustinus noch im Originaltext lesen können. Mit aller Strenge ihres an der lateinischen Form geschulten Geistes wehren sich die ›latinisti‹ gegen geschwätzige, ungenaue Texte, die ihnen zur Übersetzung vorgelegt werden. ›Zu lang, zu schwammig, zu ungenau.‹ In ihrem internen Jargon lautet die schlimmste Verurteilung ›spaghetti‹, als trage die erlesenste der italienischen Nudelsorten Schuld an den Sprachsünden unserer Zeit.

Als der Vatikan im Jahre 1992 ›Aetatis novae‹ herausbrachte – das sind Richtlinien für Bischöfe und andere Kirchenführer, die modernen Kommunikationsmittel sinnvoll für die Religion einzusetzen – da fühlte sich die Fünfergruppe ganz in ihrem Element. Alle Achtung, wie sie sich der Aufgabe unterzogen haben, Technik in die Sprache der Heiligen und Kirchenlehrer zu übertragen. Zwar werden zunächst einmal Massenmedien schwerfällig als ›communicationis socialis instrumenta‹ wiedergegeben. Viel eleganter gelingt es, Profitdenken als ›lucri causae‹ festzunageln.

Manchmal kann der Verzweiflungskampf der ›latinisti‹ gegen das Englische den Leser zu Tränen rühren: Aus Workshop wurde ›Exercitationibus tempora statuta‹. Und dann bündeln sich die Probleme, wenn davon die Rede ist, welche Mittel die Evangelisierung einsetzen soll. Wörtlich heißt es: ›Ein Pastoralplan für die soziale Kommunikation sollte folgende Elemente enthalten: Öffentlichkeitsarbeit, Presse, Rundfunk, Fernsehen, Film, Kassetten, Computernetze und Reproduktionsverfahren.‹ Wie soll sich das in der Sprache des Altertums anhören? ›Ratio pastoralis pro communicationibus socialibus haec oportet amplectatur elementa: Publicas necessitudines, diurnariam navitatem, radiophonium, teleorasem, cinematographica spectacula, sonorarum visualiumque taeniarum cistellulas, reta informatica transmissionis, telephotographicam.‹

Seit der Vatikan alle wichtigen Texte in fünf, acht oder mehr moderne Sprachen der Welt übersetzt, greift kaum noch einer zum offiziellen lateinischen Text. ›Für wen übertragen wir das alles?‹ ist die resignierte Frage der Fachleute im Staatssekretariat. Sie sind davon überzeugt: Im Laufe der nächsten zehn Jahre muß sich etwas Entscheidendes ändern. Entweder wird die alte Sprache völlig aus dem Verkehr gezogen, oder die Kirche muß etwas tun, um ihren Niedergang aufzuhalten. ›Ich bin nicht einmal sicher, ob der Heilige Vater unsere Texte noch versteht‹, meint einer von ihnen provozierend.

Die Naturwissenschaften tragen gewiß nicht die Schuld, wenn unter den Intellektuellen unserer Zeit das Latein kaum noch einen Punkt gewinnt. Galileo Galilei schrieb nämlich seine Entdeckungen noch in der alten Weltsprache nieder. Luigi Galvani, der italienische Naturforscher, schilderte 1791 den bekannten Froschschenkel-Effekt in seinem Traktat ›De viribus electricitatis in motu musculari commentarium‹. Zu Unrecht gilt das Lateinische heute als reaktionär, selbst in den heiligen Hallen der päpstlichen Universität Gregoriana. Das ist unter anderem auf die abschreckende Figur des schweizerischen Traditionalisten-Bischofs Marcel Lefebvre zurückzuführen. Viele edle Gedanken haben Päpste und Kirchenlehrer in der antiken Sprache niedergelegt. Sind diese für unsere Zeit völlig verloren?

Die Kollegen aus dem Staatssekretariat machen sich einen Spaß daraus, auch im Alltag lateinisch zu reden. In mancher Pizzeria von Trastevere geben sie den Gästen Rätsel auf, wenn sie sowohl Fachwissen als auch Alltagsbemerkungen in einen lateinischen Cocktail mischen. Besonders gern erinnern sie sich an einen Besuch auf der winzigen Insel Vivara vor Neapel, die nur von einem pensionierten Lateinlehrer und seinen drei gleichfalls humanistisch gebildeten Freunden bewohnt wird. Nach gutem Essen und reichlich Wein urteilten die römischen Prälaten: ›Das war der schönste Kongreß unseres Lebens.‹

Das Italienische ist die moderne Sprache, die dem Latein und damit auch dem traditionellen Idiom der Kirche am nächsten geblieben ist. Das spiegelt sich in den Kommunikationen der Weltkirche wider. Das Zweite Vatikanische Konzil und die politische Entwicklung der Welt haben es mit sich gebracht, daß viele Priester, ja nicht einmal Bischöfe mehr in der Lage sind, sich der Sprache der Kirchenväter zu bedienen. Selbst auf Synoden ziehen es viele Prälaten vor, in ihrer Muttersprache zu reden, wodurch sie sich den anderen nur mit Hilfe eines Dolmetschers verständlich machen können. Immerhin beherrscht die Mehrheit von ihnen, zumindest für den Hausgebrauch, das Italienische, das im Bereich des Vatikans zu einem Nachfolger des Lateinischen geworden ist. Die offiziellen Lehrdokumente des Papstes werden hingegen wie bisher nach dem Beginn des lateinisch geschriebenen Textes benannt, etwa ›Laborem exercens‹ oder ›Centesimus annus‹. Aber auch das aus dem Kirchenraum herausgenommene Italienisch, wenn es sich mit Produkten der Konsumwelt befaßt oder mit den Regeln des Straßenverkehrs, mit politischen Gegebenheiten oder auch nur mit sportlichen Ereignissen, hat seinen Weihrauchduft noch nicht völlig verloren. Debattenredner im Parlament lieben es ebenso, den Fluß ihrer Rede mit klugen, literarischen Vergleichen zu schmükken, wie die Wirtschaftskapitäne. Niemand hält es für nötig, in den Text eingestreute lateinische Zitate zu übersetzen. Wer die nicht versteht, ist selber schuld! So miserabel schlecht, wie die Italiener fremde Sprachen sprechen, so brillant beherrschen sie ihre eigene. Schulkinder gefallen sich schon darin, altkluge Gedankengänge in eine sachliche Tatsachenschilderung einfließen zu lassen, wenn ihnen ein Fernsehreporter das Mikrophon unter die Nase hält. Und eine ordentliche humanistische Schulbildung gilt den Menschen hier unten noch immer als selbstverständlich.

Daß die großen Tageszeitungen in Turin und Mailand, in Bologna, Florenz, Rom und Neapel im Vergleich zu mitteleuropäischen oder gar angelsächsischen Blättern nur eine geringe Auflage drucken können, rührt daher, daß ihre Kolumnisten sich mit Formulierungen hervortun, von denen sie annehmen, Marcus Tullius Cicero hätte sie im Jahre 63 v. Chr. vor dem Senat verwenden können. Leitartikel der großen journalistischen Stars im Mailänder ›Corriere della Sera‹, in der Turiner ›Stampa‹ oder in der römischen ›Repubblica‹ verfügen deshalb über einen Redefluß, der kaum noch diszipliniert oder gezügelt ist – dafür aber reich an Metaphern, Allusionen und Chiasmen – und das nicht nur, damit das eigene zahlende Publikum in Ehrfurcht erstarrt, sondern auch, um die Konkurrenten auszustechen, deren mit Zitaten und gebildeten Anspielungen (denn nichts darf genau beim Namen genannt werden) gespickte Artikel ›cum grano salis‹ demselben Schema folgen, als gehe es darum, den Satz Plinius des Jüngeren ›Multum, non multa‹ unter der Hand in sein Gegenteil zu verkehren.

Der päpstlichen Tageszeitung ›Osservatore Romano‹ wird nachgesagt, sie lese sich, als sei sie in Kirchenlatein geschrieben. Mag sein, aber die Kollegen von der anderen Tiberseite stehen den geistlichen und nichtgeistlichen Schreibern des Vatikans in nichts nach. Auch ihre Gedanken verlieren sich für moderne Leser in Schachtelsätzen und Bandwurmformulierungen. Es hat in Italien nicht an Versuchen gefehlt, diese altväterliche Form des Zeitungmachens zu überwinden. Doch weder der von vielen Lire-Milliarden gestützte Versuch, eine geschickt zusammengestellte Boulevardzeitung unter die Leute zu bringen, hatte durchschlagenden Erfolg, noch das Projekt, eine ›englische‹ Variante der Tagespresse populär zu machen. Sogar das staatliche Fernsehen bedient sich in den täglichen Nachrichtensendungen und in der politischen Debatte einer gewissen ›klerikalen‹ Langatmigkeit, die mitteleuropäisch gebildeten Zuschauern manchmal ein Gähnen entlockt. Anders die privaten TV-Stationen: Sie überbieten sich gegenseitig mit feschen Einfällen und bunten Neuerungen. Doch zu einer gültigen Alternative haben auch sie noch nicht gefunden.

Die Alltagssprache ist, wie auch in anderen Ländern, von den neuen Gegebenheiten unserer Zeit bestimmt. Da mischt die elektronische Technik mit, der ›American way of life‹, das Kauderwelsch der Eurokraten und die Verkaufsstrategie der internationalen Geschäftemacher. Und doch sind noch kräftige Spuren der Religion zu erkennen, die viele Jahrhunderte lang das Gesicht dieses Landes geprägt hat. In den Kaffeebars bestellen täglich Hunderttausende von Kunden einen ›cappuccino‹. Selbst in Deutschland ist inzwischen bekannt, daß damit kein Kapuziner gemeint ist, sondern ein schwarz gebrannter Kaffee mit schaumig geschlagener Milch. Clevere Wirte hinter der Bar-Theke haben längst die ›monachina‹ erfunden, eigentlich die ›kleine Nonne‹, hinter deren Namen sich aber ein ebenso schwarzer Kaffee mit Schlagsahne versteckt.

Kirchliches Vokabular hat sich hundertfach in den Alltag hinein gerettet, wenn auch die Zusammenhänge oft banal sind. ›Uno scherzo da prete‹ ist kein Witz, den Theologen sich erzählen, sondern ganz allgemein ein schlechter Scherz. Ein ›povero Cristo‹ hat nichts gemeinsam mit dem Gottessohn; wir würden ihn einen ›armen Teufel‹ nennen. Wer ›da papa‹ lebt, führt ein Leben wie ›Gott in Frankreich‹. Den Römern war das Beispiel ihrer Päpste natürlich viel näher als irgendwelche Monarchen in Paris, wie luxuriös sie auch immer Hof gehalten haben. Manche italienischen Redensarten reizen unsere Lachmuskeln. Von einem Nichtsnutz sagt man südlich der Alpen, er sei nicht gerade ›uno stinco di santo‹, wörtlich: kein Schienbein eines Heiligen. Sollte jemand etwas fassungslos vor einer solchen Bezeichnung stehen, so möge er sich der vielen Reliquien erinnern, die unter den Altären auf den Jüngsten Tag harren.

Sprichwörter berichten zu Hunderten, wie eng früher einmal die Verbindung zwischen den braven Christen und der Kirche war. Im Deutschen heißt es, Kleider machen Leute. Ganz im Gegensatz dazu kommt der italienische Volksmund zu dem Schluß ›Non è l'abito, che fa il monaco‹: Es ist eben *nicht* das Gewand, das den Mönch ausmacht. Wenn ein Dummkopf auch noch vorlaut ist, dann sagt man ihm: ›Das Geschrei des Esels zählt im Himmel nichts‹. Allzu ehrgeizige Menschen müssen wissen, daß ›Heilige nicht aus jedem Holz geschnitzt werden können‹. Eines der schönsten Sprichwörter aber lautet: ›Gente allegra Iddio l'aiuta‹. Welch herrliche Vorstellung, daß Gott auf der Seite der fröhlichen Menschen steht! Und nicht nur der rettende Gott, auch der Heilige Vater wird dem familiär, der in der Überzeugung lebt: ›Jeder ist Papst bei sich zu Hause.‹

Wer über genügend Kleingeld verfügt, hat nichts zu befürchten, denn ›Il denaro fa ballare il diavolo«, das Geld läßt auch den Teufel tanzen. Wer aber kein Geld hat, der braucht ›Einen Heiligen im Paradies‹ (wir nüchternen Mitteleuropäer sagen ›Beziehungen‹), damit die Dinge besser laufen. Dauert etwas sehr lange, verwenden auch wir Deutsche einen ›heiligen‹ Vergleich. ›Alle Jubeljahre‹ sagen wir und erinnern damit an die kirchlichen Feste, zu denen der Papst die Pilger zweimal in jedem Säkulum oder öfter nach Rom einlädt. Die Italiener sagen zu einem so langen Zeitraum ›ogni morte di papa‹, wörtlich: Jeden Papst-Tod einmal. Selbst die Sportreporter werden fromm, wenn Alberto Tomba oder sonst einer ihrer Weltmeister die Skipiste abwärts fährt. Dann schauen sie nämlich zu ›in religioso silenzio‹, in andächtigem Schweigen. Wenn einer aber restlos glücklich über etwas ist, dann fühlt er sich hierzulande ›felice come una Pasqua‹ oder glücklich wie ein Osterfest.

Wenn Kinder erschrecken, rufen sie nicht nur ›mamma mia‹, sondern auch (mit einem blitzschnellen Blick zum Himmel): ›Madonna!‹. Wo Religion alltäglich ist, wie in Rom, da fließt sie ein in die banalsten Dinge. Wo's mir gut geht, da bin ich zu Hause, diese populäre Einsicht drückt man im römischen Dialekt so aus: ›Indove c'è 'r papa c'è Roma‹, wo der Papst ist, da ist Rom. Will einer das schier Unmögliche erreichen, von dem sagt man hier: ›Er will den Papst von seinem Sessel heben.‹ Und wenn es diesem Unglücksvogel wieder einmal nicht gelungen ist, sein Ziel zu erreichen, sagen die Bewohner der Ewigen Stadt bedauernd: ›Er ist nach Rom gekommen und hat den Papst nicht gesehen.‹ Was soll man von so einem Trottel halten?

Wer ganz und gar mit dem Kopf durch die Wand will, der muß sich sagen lassen: ›Er klagt den Papst vor dem Heiligen Offizium an‹. In Rom weiß jedes Kind, daß das ›Heilige Offizium‹ die Nachfolgerin der Inquisition ist. Ist jemand in Rom ›unten durch‹, gilt er als ›Kämmerer und Kutscher des toten Papstes‹, und das ist nicht viel. Jeder neue Papst bringt nämlich seine eigenen Vertrauensleute mit in den Vatikan. Einen bösen Vers mußte sich der unerbittliche Papst Sixtus V. (1585–90) von seinen Untertanen gefallen lassen: ›Papa Sisto non la perdona nemmeno a Cristo‹, Papst Sixtus vergibt nicht einmal Christus.

Italienische Sprache ist eine Sache, die Dialekte und Sprachen der zwanzig Regionen eine andere. In jeder einzelnen von ihnen haben sich die geschichtlichen Ereignisse auf unterschiedliche Weise eingegraben. Niemand sollte sich deshalb über das derbe Maul der Römer wundern. Sie lebten nämlich viele Jahrhunderte lang unter herrischen und eigenwilligen, unter frommen und grausamen Päpsten. Diese abwechselnd heiße und kalte Dusche hat sie unempfindlich und zugleich kritisch gemacht. Besonders Ausländern erscheint ihre scharfe Zunge oft unbarmherzig, manchmal sehr direkt und humorlos. Dabei spricht sie die Sprache jener Menschen, denen keine Schwäche entgeht und die es gelernt haben, ihre kleinen Gewohnheitslaster listig oder mit lautem Lamento gegen mächtige Herren zu verteidigen. Den Haß, der in der Bevölkerung während der letzten Jahre des Kirchenstaates noch gegen die Kurie und ihre ›sbirri‹ herrschte, drückt der Volksdichter Giuseppe Gioacchino Belli in einem seiner viel zitierten Sonette so aus: ›Das sind keine Menschen, das sind Priester.‹

Tempi passati, vergangene Zeiten ... Der französische Schriftsteller Stendhal (1783–1842), der sich in der Stadt der Päpste gut auskannte, kam zu dem Schluß, daß ›la plante homme‹, die Pflanze Mensch, in Rom kräftiger geraten sei als an jedem anderen Platz der Welt. Es wird keinen Römer geben, der dem Franzosen in diesem Punkt widersprechen möchte. Und weil sie immer auf jeden Topf einen Deckel setzen, wissen die Söhne der etruskischen Wölfin auch diesmal das rechte Wort: ›Chi va col lupo impara a urlare‹, wer mit dem Wolf geht, lernt heulen.

Der Teufel und der Wind

Die Jesuiten haben, wegen ihrer Sonderrolle in der Kirche, immer schon eine große Portion Spott über sich ergehen lassen müssen. Zumindest teilweise aber setzten sie selbst die ›barzellette‹ oder Späßchen über die Societas Jesu in die Welt. Das gilt etwa für die Frage zweier Mönche, ob es denn erlaubt sei, beim Beten zu rauchen. Dem Dominikaner antwortete sein Ordensoberer mit einem strikten Verbot. Überraschend durfte hingegen der Jesuit zum Gotteslob seine Pfeife anzünden. Erklärung: Pfiffig hatte er seinen ›Padre superiore‹ gefragt, ob beim RAUCHEN *das* BETEN *erlaubt sei.*

Etwas weniger zum Ruhm der Gefolgsleute des Ignatius von Loyola trägt die folgende in Rom weithin bekannte Anekdote bei: Eines Tages spazierten der Teufel und der Wind durch die Ewige Stadt. Vor dem Palast an der Piazza del Gesù Nr. 45 hielten sie an, und der Höllenfürst bat seinen Begleiter um Entschuldigung, weil er ›auf einen Augenblick‹ im Jesuitenkolleg zu tun habe. Seitdem, sagt der Volksmund, ist Satan nicht mehr herausgekommen. Aber der Wind weht vor dem Palazzo noch immer heftiger als an jeder anderen Stelle der Stadt.

Fröhlich im Hause des Vaters

Italiens Normal-Familie Rossi hat am Ende des zweiten Jahrtausends, wie wir nun schon wissen, die enge, tägliche Bindung an ihre Kirche verloren. Nur die Älteren sagen noch, wenn sie für die nächste Woche eine Verabredung treffen: ›Se Dio vuole‹ (so Gott will). Die Menschen auf der Straße verharren nicht mehr andächtig vor den vielen verstaubten Madonnenbildern; wenige bekreuzigen sich, wenn ein Totenwagen vorbeifährt; sie üben sich nicht mehr in regelmäßigem Fasten und Beten, ja selbst das Gebot, am Sonntag die Messe zu besuchen, wird nur noch von einer kleinen Minderheit eingehalten. Hohe Feiertage und herausragende Daten des Lebens sind Brücke zwischen Himmel und Erde geblieben: Ostern, Allerheiligen und Weihnachten im Jahresablauf; Taufe, Firmung, Ehe und Krankensalbung im Rahmen der menschlichen Existenz.

Doch die Fülle der kirchlichen Riten rauscht an den Gläubigen und halbwegs Gläubigen vorbei, weil sie ihren tief ergreifenden Inhalt verloren haben: die Fußwaschungen am Gründonnerstag in der römischen Laterankirche; das starre, viersprachige Zeremoniell des Papstes am Abend des Karfreitags in Eurovision entlang der ›Via crucis‹ gegenüber dem Kolosseum und selbst die Jahr für Jahr gleiche Lichterfeier zu Ostern mit anschließendem Segen ›Urbi et Orbi‹ in weit über 50 Sprachen der Welt (wer bietet mehr?); und so mancher kirchliche Festtag, wie z. B. Himmelfahrt oder Fronleichnam, auf den darauffolgenden Sonntag verschoben wegen der findigen ›pontisti‹, zu deutsch Brückenbauer von Feiertag zu Feiertag im Arbeitsleben. Ist das alles? Gewiß nicht! Viele Gewohnheiten und Bräuche, viele Feste und Feiern, viele fromme Glaubensäußerungen, aber auch fast unbedachte Reflexe sind geblieben aus jener Zeit, in der die Kirche noch mitten im Leben der Menschen stand. Der Heilige Antonius muß helfen, wenn Mutter vor Antritt ihres Urlaubs den Schmuck zwar diebessicher, aber so gut versteckt hat, daß ihn keiner der Familie mehr wiederfindet. Das angeblich aus dem Olivenholz des Gartens Gethsemane geschnitzte ›Bambino Gesù‹ in der römischen Kirche Santa Maria in Aracoeli ist zuständig für Weihnachtsgeschenke. Dankbar sagen ihm die Kinder ihre Gedichte auf, loben den Gottessohn für alle guten Gaben, aber wehe, das Christkind hat einen Herzenswunsch vergessen! Dann klagen und schimpfen die kleinen Besucher der Kirche auf dem Kapitol und bedingen sich aus, daß es im nächsten Jahr besser werden muß. Auch die Christmette mit dem Bambino Gesù ist viel familiärer als die prunkvolle, vom Papst zelebrierte Messe in St. Peter. Und es bekommt viel Post, vor allem aus Südamerika, wohin viele italienische Familien ausgewandert sind.

Bleiben wir noch einen Augenblick beim Christfest. Weihnachtsbäume gibt es in Rom erst seit wenigen Jahrzehnten. Seither ist es Mode geworden, daß auch vor dem Papstpalast eine prächtige Fichte steht aus den Wäldern Südtirols, aus Kärnten oder der Steiermark. Dabei versucht jede Gegend, sich der hohen Ehre dadurch würdig zu erweisen, daß ihr Baum den der Konkurrenten um einige Meter überragt. Gleich neben der päpstlichen Fichte steht eine geräumige überlebensgroße Krippe, und zur selben Zeit sind im Ewigen Rom Hunderte von Krippen zu finden, die sich durch Tradition und Größe, durch kunstvolle Ausstattung oder auch durch modernen Bezug hervortun. Die berühmteste kann man das ganze Jahr über am Rande des Forum Romanum in der Kirche San Cosma e Damiano bewundern. Ihre unterarmhohen Figuren sind nach der neapolitanischen Mode des 19. Jahrhunderts gekleidet und wurden vor einigen Jahren allesamt gestohlen. Hingegen in Santa Maria in Via wird jedes Jahr ein schönes Stadtmotiv nach den Genre-Bildern des Ettore Roesler-Franz in die Krippe gebaut.

Wer neue Krippenfiguren braucht, billige Alltagsware und auch geschmackvolle, findet sie auf der zentralen Piazza Navona beim Weihnachtsmarkt. Übrigens war es bis vor wenigen Jahrzehnten nicht das Christkind, das den ›bambini‹ zum Weihnachtsfest die Geschenke brachte. Das erledigte am 6. Januar die ›Befana‹, eine liebevolle, aber häßliche alte Weihnachtsfee, deren Name von ›Epiphanias‹ abgeleitet ist. Weil die gute ›Befana‹, um in die Häuser zu gelangen, den Weg durch den Kamin nimmt, wundert sich niemand darüber, daß ihr Gesicht von Ruß geschwärzt ist. So beliebt sie auch beim jungen Volk ist, christliche Herkunft hat ihr noch niemand nachweisen können – oder doch: Sie wollte mit den Weisen zusammen nach Bethlehem zum Jesuskind reisen, verfehlte aber die Reisegefährten und konnte ihr Geburtstagsgeschenk nicht anbringen. So kommt es, daß seither alle Kinder ein Geschenk erhalten, zur Vorsicht, um kein Christkind auszulassen.

Am sichersten halten sich jene Gebräuche unter der italienischen Bevölkerung, die nicht mit Selbstkasteiung verbunden sind, sondern mit den angenehmen Seiten des Lebens. Aus vielen alten Klöstern bringen sich die Besucher Honig und wohlschmeckende Kräuterliköre mit. Zur Fastnacht knuspern jung und alt ›frappe‹ und ›castagnole‹, flaches und rundes Schmalzgebäck, das zu dieser Zeit in den meisten Kaffee-Bars zu haben ist. In den Tagen um den Namenstag des Heiligen Josef (19. März) gibt es die meist mit einer süßen Creme gefüllten Krapfen oder ›bignè‹. Der luftige Kuchen ›panettone‹ fehlt zu Weihnachten auf keinem Tisch, der gleiche Teig erscheint zu Ostern in Form einer gebackenen ›colomba‹ oder Taube. Was das alles mit Religion und Christentum zu tun hat, wollen Sie wissen? Ich glaube, das ist eine unerlaubte Frage in einem Land, wo ein hervorragender Rotwein nach Johannes dem Täufer (Sangiovese), der beste Tropfen von den Hängen des Vesuvs ›Lacrima Christi‹, der beste Schinken ›San Daniele‹ und die besten Tomaten ›San Marzano‹ genannt werden.

Nicht jeder Heilige kann mit den Annehmlichkeiten des Lebens in Verbindung gebracht werden. Ganz im Gegenteil! Doch haben diejenigen unter den frommen Männern und Frauen der Kirche offenbar die größere Aussicht auf Popularität, deren Geschichte sich auf dramatische Weise miterleben läßt. Das noch heute jährlich begangene Fest ›Maria im Schnee‹ geht auf eine Legende aus dem fernen Jahr 352 zurück: Papst Liberius und dem Patrizier Johannes sei gleichzeitig die Jungfrau Maria im Traum erschienen und habe sie beauftragt, dort eine Kirche zu errichten, wo am nächsten Morgen Schnee falle. Trotz der sommerlichen Hitze schneite es auf dem Esquilin, und deshalb entstand dort als eine der Patriarchalkirchen ›Santa Maria Maggiore‹. Das Schneewunder wiederholen die Römer Jahr für Jahr unter der Beteiligung von vielen tausend Menschen und mit Hilfe von … Rasierschaum, der an der Südseite der Basilika aus versteckten Düsen geschossen wird.

Warum denn nicht? Italiener haben nicht soviel kleinliche Bedenken wie manche Mitteleuropäer. Ein Freund erzählte mir sein zufälliges Erlebnis in einer römischen Kirche: Ein Priester war fröhlich damit beschäftigt, die nächste Messe vorzubereiten. Er ersetzte ausgebrannte Kerzen, ordnete die blitzblanken Geräte auf dem Altar und pfiff dabei. Befremdet sah und hörte ein Besucher aus Deutschland ihm zu, und als der ihn endlich fragte, ob er es nicht an der nötigen

Ehrfurcht fehlen lassen, antwortete der Geistliche, ohne lange zu überlegen, mit einer Gegenfrage: ›Warum soll ich mich nicht wohlfühlen im Hause meines Vaters?‹ Ebenso problemlos schaffen es die Hausfrauen in den großen Städten, den täglichen Einkauf zu verbinden mit dem Besuch in einer der durchgehend geöffneten Kirchen. Den Korb mit frischem Gemüse vom Markt und die Plastiktasche mit ›pasta‹, Fleisch und Getränken stellen sie neben sich auf die Bank, während sie die Madonna oder ihren Lieblingsheiligen um Hilfe anrufen.

Nur ein Beispiel: Lieblingsheiliger der Neapolitaner ist San Gennaro, der Heilige Januarius, der als Bischof von Benevent im Jahre 304 unter Diokletian in Puteoli enthauptet worden sein soll. Mit letzter Sicherheit läßt sich das nicht sagen, aber es ist besser, diesen Zweifel keinem Bewohner der südlichen Millionenstadt zu verraten. San Gennaro genießt grenzenlose Verehrung. Er wacht darüber, daß der Vesuv den Golf und seine Anwohner nicht mit seiner glühend heißen Asche bedeckt. San Gennaro muß einspringen, wenn die Gesundheitsverwaltung wieder einmal versagt und eine Seuche ausgebrochen ist. Den Namen von San Gennaro tragen viele Männer und Knaben der Hafenstadt. Nicht zuletzt sorgt San Gennaro dafür, daß die Fußballmannschaft Napoli nicht so schlecht spielt, daß sie in die zweite Liga absteigen muß. Höhepunkt der Heiligenverehrung ist der 19. September, wenn im Dom zwei Ampullen mit dem geronnenen Blut des legendären Januarius seinem ebenfalls dort aufbewahrten Haupt angenähert werden. Verflüssigt sich das Blut, darf sich die Stadt auf eine gute Zeit freuen. Bleibt der dunkle Inhalt der Ampullen unbeweglich und fest, steht Unheil ins Haus.

Sosehr die Italiener, vor allem die Süditaliener, es vermeiden, vom Tod zu sprechen, so eng ist ihre traditionsgegebene Verbindung mit den Märtyrern und Bekennern der Kirche. Viele von diesen sind Schutzpatrone kleiner Bergstädte im äußersten Süden und werden zum Dank für ihre Treue an ihrem Ehrentag mit endlosen Umzügen durch Straßen und Flur geehrt. Ich habe einmal erlebt, daß in Sizilien der seidene Mantel der Heiligen Anna über und über mit Geldscheinen besteckt war. Als das Fest seinen Höhepunkt erreicht hatte, zündeten die Bauern ein Tagfeuerwerk, das mit seinen gewaltigen Böllern und Raketen jede moderne Pyrotechnik übertönt hätte – die schönste weltliche Aufregung für einen würdigen kirchlichen Ehrentag.

Kathedrale S. Gennaro in Neapel

Eingezwängt in die engen Gassen der Altstadt, fällt der um 1300 im französisch-gotischen Stil erbaute Dom nicht besonders ins Auge. Er wurde durch Erdbeben mehrfach beschädigt und umgebaut. Im rechten Seitenschiff befindet sich die für eine Million Ducati (viereinhalb Millionen Goldmark) prächtig ausgestattete Kapelle des S. Gennaro (Januarius), leidenschaftlich verehrter Schutzpatron der Stadt. Gennaro war Bischof von Benevent und wurde 304 unter Diokletian bei Neapel enthauptet. Die Legende berichtet, er sei zuvor unverletzt einem glühenden Ofen entkommen; wilde Tiere, die man auf ihn hetzte, hätten sich ihm zahm zu Füßen gelegt. Seine Reliquien, 1491 von Benevent nach Neapel zurückgebracht, sind Grundlage des Volkskults: In Ampullen erscheint das getrocknete Blut des Heiligen flüssig, wenn es zweimal im Jahr seinem Haupt angenähert wird. Neapel ruft seinen Schutzheiligen besonders bei drohendem Erdbeben an und nach dem Ausbruch des Vesuvs, aber auch zum Beistand für seinen Fußballverein.

In Sizilien ist es Brauch, daß die Verstorbenen ihren Kindern, Nichten und Enkeln Süßigkeiten und andere Geschenke zukommen lassen. Auf diese Weise verweilen sie noch eine Zeitlang bei den Lebenden. Auch der Fronleichnamszug von Orvieto, wo die frommen Christen an eines der vielen Blutwunder erinnert werden, und die Massenwanderung der Römer am Allerseelentag zum Friedhof Campo Verano sind so mit Leben erfüllt, daß sie die Brücke zwischen Diesseits und Jenseits bunt und beeindruckend sichtbar machen.

Und noch ein beinahe heidnischer Brauch läßt die gerade erst Verstorbenen für ein paar Atemzüge weiterleben: Um das Ansehen eines Toten am Ende der Trauerfeier hervorzuheben, wenn Freunde und Angehörige den Sarg auf die Schultern heben und hinaustragen, rauscht in der Kirche oder auf dem Platz vor ihr ein herzlicher Beifall mit Händeklatschen auf, der oft minutenlang anhält. Auch bedeutenden Politikern und sogar den Päpsten wird dieser Applaus nicht vorenthalten. Einen fremden Toten ehren die Leute auch heute noch, wenn seine sterbliche Hülle auf der Straße vorbeigefahren wird, durch das Kreuzzeichen. Italiener bekreuzigen sich nicht nur bei der Messe und unter dem Kirchendach. Fußballer schlagen das Kreuz vor dem Anstoß, Skifahrer vor der rasenden Abfahrt, und manch gottesfürchtiger Katholik macht das Kreuzzeichen, wenn in einem Gespräch Flüche oder allzu dreiste Reden an seine Ohren dringen oder wenn eine gefährliche Straße zu überqueren ist.

Oft entwickelt sich aus einem frommen Umzug eine Art sportlicher Wettbewerb wie am Tag der Heiligen Rosa (3. September) in der nördlich von Rom gelegenen Papststadt Viterbo. Die nur 18jährige Heilige, Tochter eines Bauern, starb 1251 in der Nachfolge des Franziskus von Assisi. Sie hatte unter den Armen der Stadt viel Gutes getan und eines der zahlreichen Rosenwunder bewirkt. Ihre unverweste Leiche wurde Jahr für Jahr in die Kirche der Heiligen Maria überführt, woraus sich eine populäre Prozession entwickelte. Aus der bescheidenen Sänfte der fast noch kindlichen Rosa entwickelte sich im Laufe der Jahrhunderte ein Lichterturm und endlich die ›macchina‹, deren Transport durch die Stadt zu einem gefährlichen Unternehmen ausgeartet ist. Eine ganze Kompanie kräftiger Männer, in Weiß gekleidet mit roter Schärpe, erhalten die letzte Ölung, ehe sie das heilige Ungetüm durch Viterbo tragen, denn wer weiß, ob diese heilige Handlung nicht ihre letzte sein wird.

Palazzo Papale in Viterbo

Dieser von 1257 bis 1266 erbaute gotische Papstpalast hat die wehrhafte Eleganz seiner Zeit: Über den rundbogigen Fenstern mit je einer schlanken Säule spannt sich ein gezackter Zinnenkranz. Die später errichtete Freitreppe, flankiert von zwei Säulen, erinnert an den Aufgang antiker Tempel. Der mächtige Saal ist heute ohne Dach. Die sich rechts anschließende Loggia besteht nur noch aus der heiteren Fassade. Von hier aus zeigten sich die gerade erst gewählten Päpste dem Volk. Nach dem Tode Klemens IV. im Jahre 1268 war das Konklave im Dom zusammengekommen, konnte sich aber auf keinen Kandidaten einigen. Der Heilige Bonaventura riet den Viterbesen, die Kardinäle im großen Saal des Palazzo Papale einzusperren. Zunächst versagten sie den hohen Herren die üppigen Speisen und Getränke; als das noch immer zu keinem Ziel führte, deckten sie im rauhen Winter 1272 das Dach ab. Nach 33 Monaten wurde Gregor X. neuer Papst, der dann die Wahlordnung verfaßte, die im wesentlichen heute noch gilt.

Bei der Prozession des Jahres 1801 ereignete sich eine Katastrophe: Undisziplinierte Zuschauer ließen die Pferde scheuen. Daraus entstand ein Tumult, bei dem 22 Menschen ums Leben kamen. Der Lichterturm der Santa Rosa ging in Flammen auf. Deshalb verfügte der Papst, die Prozession müsse künftig bei Tage stattfinden, getrennt vom nächtlichen Umzug der ›macchina‹. Das große Ereignis ist seitdem der Weg der ›Maschine‹ der Heiligen Rosa durch die finstere Stadt. 30 Meter Höhe hat der Lichterturm inzwischen erreicht. Früher einmal war das merkwürdige Gebilde aus Holz gefertigt. Heute versteht man es, mit Leichtmetall und Papiermaché kühne Formen zu entwickeln, die den etwa hundert Trägern die Arbeit trotzdem nicht erschweren. Bis hoch hinauf zur kleinen Statue der Heiligen, die einst den Hunger der Armen mit elterlichem Brot stillte, leuchten Hunderte von Wachskerzen, Lampen und Phosphorlichtern. Bedrohlich nähert sich Rosa den Regenrinnen der Häuser, bestaunt von den Einheimischen, vielen tausend Römern, aber nur wenigen Touristen. Wenn die Männer mit ihrer etwa vier Tonnen schweren Last am Fuße der Patronatskirche angekommen sind, legen sie die letzten hundert Meter im Laufschritt zurück. Dieses nächtliche Schauspiel mittelalterlicher Frömmigkeit ergreift auch die Menschen unserer nüchternen Computerzeit.

Daß das Volk Gottes lebt, zeigt sich auch in der Veränderung alter Bräuche, die in kurzer Zeit Gestalt gewonnen haben, wo doch sonst die Mühlen der Kirche so langsam mahlen. Noch in den siebziger Jahren standen die Menschen am Samstag in langer Warteschlange vor den Beichtstühlen ihrer Kirchen, um dem Ohr der Priester ihre Sünden anzuvertrauen und die Absolution zu erlangen. Heute sieht man selbst in St. Peter keine Warteschlangen mehr. Trotz päpstlicher Ermahnung ist die Ohrenbeichte weitgehend aus der Mode gekommen. An ihre Stelle ist häufig eine Generalbeichte getreten, bei der die Gläubigen allein vor dem Angesicht Gottes sich ihrer Verfehlungen erinnern und Vergebung erhalten. Nur dann, wenn dieser allgemeine Ritus nicht ausreicht, um mit dem eigenen Gewissen ins reine zu kommen, suchen die ›Pfarrkinder‹ das Gespräch mit dem Geistlichen, das aber nur selten im Halbdunkel des Beichtstuhls stattfindet, sondern auf einer Kirchenbank oder in einem beliebigen Wohnzimmer.

Manche Heilige haben neue Aufgaben übernommen und stehen

dadurch wieder mitten im Alltag. Um nur ein Beispiel zu nennen: der vor über 550 Jahren verstorbenen Francesca Romana obliegt die undankbare Pflicht, über den Straßenverkehr zu wachen. An ihrem Namenstag, dem 9. März, stehen römische Autofahrer Schlange – moderne Nachfahren der alten Droschkenkutscher –, um ihr Gefährt in einer eher heiteren Atmosphäre auf dem Petersplatz segnen zu lassen. Auch sonst geht es in den Kirchen nicht gerade todernst zu. Kinder tollen zwischen den Bänken herum, rufen sich übermütig irgendwelche Späße zu, und wenn ein Besucher sich verwundert oder gar verärgert umdreht, beeilen sich die Mütter zu beschwichtigen: ›Sono bambini‹, sie sind eben Kinder.

›Je näher dem Papst, umso schlechter die Christen‹, sagt ein hiesiges Sprichwort, nach meiner Meinung allzu hart. Die Römer sind nicht sündiger und nicht frömmer als andere Christen. Nur verführt sie die Nähe des Heiligen Vaters dazu, allzu prahlerisch zu sein. Sie sehen die Päpste seit fast 2000 Jahren als ihr persönliches Eigentum an, gleichgültig, um welchen es sich handelt. Deshalb ist auch der Fuß der bronzenen Petrusstatue in San Pietro so stark abgewetzt von all den dankbaren Küssen für die Ehre, daß Rom Hauptstadt der Christenheit sein darf. Natürlich haben sich inzwischen viele Besucher diesem Brauch angeschlossen.

Zum Glück sind heute nicht mehr alle Bräuche erhalten. Noch in der ersten Hälfe dieses Jahrhunderts, als die Frauen im Süden keinen Gynäkologen zur Seite hatten, wenn ihre schwere Stunde kam, wandten sie sich in ihrer Not an den Heiligen Giovanni Giuseppe della Croce. Diesem Patron der Gebärenden machten sie viele Versprechungen, wenn er nur dafür sorgte, daß Mutter und Säugling am Leben und gesund blieben. Ein oft getanes Gelübde legte fest, daß das Kind vom vierten Lebensjahr an eine Kutte der Franziskaner oder der Klarissinnen zu tragen hatte, um San Giovanni Giuseppe seine Dankbarkeit zu beweisen. Der fromme Brauch war in Wirklichkeit eine Qual für die Jungen und Mädchen, die von ihren Altersgenossen meist unbarmherzig gefoppt und sogar vom Spiel ausgestoßen wurden. Die Verehrung für den Heiligen ist in Sizilien und an einigen anderen Plätzen geblieben, doch die verlachten kleinen Mönche und Nonnen sind schon lange nicht mehr im Straßenbild zu sehen.

Die verfeindeten Heiligen

Giovanni Verga (1840–1922), Vater des Verismus, machte sich über die Grenzen seines Landes hinaus einen Namen als Verfasser der Novelle ›Cavalleria rusticana‹, die in der Vertonung von Pietro Mascagni häufig als Oper aufgeführt wird. Beeinflußt vom französischen Naturalismus befaßte er sich vor allem mit dem Leben armer sizilianischer Bauern, die in elementarer Landschaft um ihren Platz im Leben kämpfen und dabei fast immer unterliegen.

In der skurrilen Erzählung ›Guerra di Santi‹ (Krieg unter Heiligen) werden sogar zwei Überirdische in den Alltagsstreit hineingezogen: Im oberen Quartier des Dorfes verehren die Einwohner San Rocco, der den Ruf hat, seine Schutzbefohlenen vor Seuchen zu bewahren. Für die Leute im Unterdorf hingegen segnet San Pasquale alljährlich die Saaten. Aber die Bauern oben, wo auch der dickköpfige Nino wohnt, halten nichts von Pasquale, und Ninos Verlobte, die junge Saridda zusammen mit den Familien im unteren Ortsteil lassen am Heiligen Rocco kein gutes Haar.

Seit März hatte es nicht mehr geregnet, erzählt Verga, und das Korn platzte auf vor Durst. Bruno der Kutscher meinte, am Tag der Prozession für San Pasquale werde es gewiß Regen geben. Aber im Grunde war es ihm gleichgültig. Er konnte auch ohne Regen seinem Beruf nachgehen. Tatsächlich trugen die Männer San Pasquale nach Osten und Westen, sie ließen ihn den Hügel und die Felder segnen. Derweil hing die schwüle Luft voll mit schwarzen Wolken. Es war einer der Tage, an dem die Bauern sich vor Verzweiflung die Haare ausreißen, wenn sie die verbrannten Äcker sehen, auf denen die Ähren sich sterbend zur Erde neigen.

›Verdammter San Pasquale‹, schrie da Nino, spuckte in die Luft und rannte wie verrückt über die Saaten. ›Ihr habt mich ruiniert, San Pasquale! Jetzt bleibt mir nur noch die Sichel, um mir den Hals abzuschneiden.‹

Ein paar Tage später muß Nino seinen einzigen Maulesel hergeben, um die Schulden bezahlen zu können. Saridda's Familie kauft ihn, damit Nino zu Geld kommt. Bald darauf erkrankt das Mädchen an Cholera. Nino ist verzweifelt. ›O du verfluchter Rocco‹, stöhnt er, ›das habe ich von dir nicht erwartet. Dieser Schurkenstreich ist ja noch schlimmer als der, den San Pasquale mir verpaßte.‹ Wider Erwarten wird Saridda wieder gesund und will dem ›feindlichen‹ Heiligen aus Dankbarkeit eine Kerze stiften, aber Nino gesteht, daß jetzt auch ihn die Krankheit gepackt hat.

›Ein schönes Wunder hat dein Rocco vollbracht«, spottet der Bruder des Mädchens. Der Streit der jungen Männer artet aus in eine Prügelei, bis die junge Saridda entsetzt schreit: ›Wollt ihr wohl aufhören, sonst brauchen wir noch eine Epidemie, damit endlich Frieden herrscht.‹

Aus: ›Verga, le novelle‹, Aldo Garzanti Editore, 1980, ›Guerra di Santi‹.

Kirchenschiff auf neuem Kurs

›Gottes Wort, durch das alles geschaffen ist, ist selbst Fleisch geworden, um in vollkommenem Menschsein alle zu retten und das All zusammenzufassen ... Von seinem Geist belebt und geeint, schreiten wir der Vollendung der menschlichen Geschichte entgegen, die mit dem Plan seiner Liebe zusammenfällt.‹ In seiner mitreißenden Konstitution über die Kirche in der Welt von heute ›Gaudium et spes‹ hat das Zweite Vatikanische Konzil dieses Bild vom Volk Gottes auf dem Weg in die Zeit vorgezeichnet. Papst Johannes XXIII., der die große Kirchenversammlung einberief, hat wohl die steigende Spannung zwischen dem in der Tradition stehengebliebenen Rom und der veränderten Gesellschaft tief empfunden, als er den Anstoß gab zum ›aggiornamento‹, der Übertragung der gültigen Lehre in die Sprache moderner Menschen. Obwohl die Zeit des Aufbruchs am Ende des

20. Jahrhunderts längst vergangen ist, darf auch die wieder auf den Magnetpol Papst orientierte Kirche ihren Kontakt zum Kirchenvolk nicht verlieren. Selbst dort nicht, wo die unserer Zeit angepaßten Lebensbedingungen alte römische Tabus verletzt haben.

Am Ende des Jahres 1970 mußte Paul VI. ›mit tiefem Schmerz‹ zur Kenntnis nehmen, daß nach langem Zögern auch in Italien die bürgerliche Scheidung Gesetz geworden war. Bis dahin hatte jeder Kritiker ungestraft die Apennin-Republik mit der Diktatur des ›Generalissimus‹ Franco auf eine Stufe stellen dürfen: Nur wer genug Geld hatte und gute Beziehungen zur Sacra Rota, konnte unter Umständen die Aufhebung einer vor dem Altar geschlossenen Ehe erreichen. Alle anderen Paare mußten das lebenslängliche Band selbst bei menschlicher Zerrüttung hinnehmen, wenn sie sich im zivilen Leben auch längst anders arrangiert hatten. In den ersten Jahren versuchte Rom noch, die nach Klassen gestaffelten Ehen wieder einzuführen. Mit Hilfe eines Volksentscheids strebten einige dem Klerus nahestehenden Gruppen eine Aufhebung des verhaßten Gesetzes an. Doch fast 60 Prozent der wahlberechtigten Italiener hielten an der Reform fest.

Heute wissen wir: Die Gesellschaft hat die Niederlage der Amtskirche in Fragen Scheidung gut überstanden. Keineswegs war die Familie das Opfer der neuen Entwicklung, wie mancher katholische Ideologe vorausgesehen hatte. Vielmehr ist das Zusammenleben von Erwachsenen und Kindern trotz harter Konflikte seitdem ehrlicher geworden. Weiterhin treten die meisten jungen Paare vor den Altar, wenn sie die Ehe schließen wollen. Die Braut trägt wie eh und je ein teures weißes Spitzenkleid, und die Verwandtschaft rückt in Kompaniestärke an, um das große Ereignis mit einem Bankett zu feiern.

Mit heidnisch ausgestreutem Reis (Fruchtbarkeitssymbol), mit Filmaufnahmen und Hunderten von Fotos, möglichst vor historischem Hintergrund, ist die Eheschließung auf neoromantische Weise ›schönster Tag des Lebens‹ geblieben. Dagegen ist eine andere Tradition allmählich verblichen: die Tradition der kinderreichen Familie. Die Scheidung, obwohl als Teufel an die Wand gemalt, blieb eine Randerscheinung. Nach ihrem Boom im Jahre 1971 – damals wurden 55 000 Scheidungsgesuche eingereicht – sank die Zahl auf 13 000 pro Jahr und ist seitdem nur unwesentlich über diese Marke angestiegen. Im Gegensatz zur Entscheidung der päpstlichen Sacra Rota, die sich wenig um die Folgen einer ›von Anfang an ungültigen Ehe‹ kümmert, regelt das Gericht heute die Unterhaltszahlung zu Gunsten der geschiedenen Frau und der mit ihr zusammenlebenden Kinder.

Aus solchen Erfahrungen ist in Italien die Frauenbewegung selbstbewußter und stärker hervorgegangen, auch innerhalb der Kirche. Zwar bleiben die weiblichen Gläubigen nach wie vor vom Priesteramt und anderen verantwortlichen Positionen ausgeschlossen. Doch fühlen sie sich ermutigt, in Laiengruppen tatkräftig mitzuarbeiten und werden, vor allem unter jungen Menschen, nicht weniger geachtet als Männer. Das am Marien-Ideal orientierte Bild der Frau, die nur gehorsam zu sein hat und keine Entscheidungsbefugnis übernehmen darf, hat im Laufe der Jahre viel von seiner Bedeutung verloren.

Überhaupt fühlen sich die Gläubigen, ob männlich oder weiblich, nicht mehr wie in früheren Jahren blind an die Weisungen von Priestern, Bischöfen, ja selbst nicht mehr des Papstes gebunden. Dennoch stehen Italiens Katholiken, trotz der langsam fortschreitenden Emanzipation, der Kirchenleitung nicht ablehnend gegenüber. Aber sie haben gelernt, kritisch Stellung zu nehmen. Die altgewohnte Taktik, das ›Volk Gottes‹ zu alarmieren, wenn zwischen Staat und Papst ein Konflikt ausgebrochen ist, zahlt sich für die Kirchenleitung nicht mehr aus. Wohlwollend geben die Gläubigen dem polnischen Papst nach dem System der Schulnoten meist sieben oder acht von zehn möglichen Punkten. Doch sie sind nicht damit einverstanden, wenn sich Karol Wojtyla allzu sehr in die aktuelle Politik einmischt. Jüngst äußerte sich ein sozialistischer Politiker provozierend, der Papst verfüge wieder über weltliche Macht, ähnlich wie vor dem Zusammenbruch des Kirchenstaates. Die Antwort der Italiener war keineswegs ein empörter Schrei. Fast die Hälfte der in ihrem Selbstverständnis meist ›katholischen‹ Bürger gab dem kirchenfernen Mann recht. Auf eine andere Frage verlangten gar 56 Prozent der Befragten, die Kirche möge sich ›so wenig wie möglich‹ in politische Probleme einmischen. Die Jahre, in denen Wähler einer marxistischen Partei mit dem Ausschluß von den Altarsakramenten rechnen mußten, liegen weit zurück. Dementsprechend ändert sich die Überzeugung der Gläubigen, welches Verhalten vor Gott als Sünde gelte. An eine Sünde durch den Stimmzettel glauben nur noch sechs Prozent der Bürger. Dreimal so viele von ihnen halten ungerechtfertigtes Krankfeiern und Steuerhinterziehung für einen Verstoß gegen Gottes Gebot. Über die Hälfte sehen Drogenmißbrauch und Gotteslästerung als schwere Sünde an. Als schwerstes Vergehen vor allen andern aber gilt den Italienern die Anwendung jeglicher Gewalt gegen den Menschen. Weit zurückgefallen ist für Katholiken die einst ›klassische‹ Sünde, die geschlechtlichen Beziehungen außerhalb der Ehe mit gerade 20 v. H. Unwillig reagiert der deutsche Kurienkardinal Joseph Ratzinger, als Präfekt der Kongregation für die Glaubenslehre, auf diese Ergebnisse: ›Die Wahrheit läßt sich nicht in Prozenten ausdrücken.‹ Dennoch hat die Kirche in den letzten Jahren die Tatsache hinnehmen müssen, daß ihr nicht nur die Gläubigen, sondern auch ein großer Teil der Theologen in Fragen der Sexualethik den Gehorsam verweigern.

Die ehrlichen Gläubigen lösen sich also von jeder unmündigen Bindung an ihre Hirten. Leider haben die Geistlichen aber auch die Macht über Taugenichtse verloren, die zwar auch früher nicht nach höherer Einsicht lebten, dafür aber meist davor zurückschreckten, wegen ihrer Missetaten ewige Höllenqualen erleiden zu müssen. Inzwischen hat die Umwertung aller Werte das Gewissen von Einbrechern, Dieben und Hehlern widerstandsfähiger gemacht. Kirchen, Klöster und Seminarien müssen täglich mit dem Verlust wertvoller Kunst- und Kultgegenstände rechnen. Oft verschwinden am hellichten Tag wertvolle Gemälde und Skulpturen, goldene Altargeräte und ehrwürdige Paramente aus den Kirchen und tauchen (wenn überhaupt) nach Jahren im Kunsthandel wieder auf. Innerhalb von nur wenigen Tagen notierten römische Tageszeitungen an vier verschiedenen Stellen der Heiligen Stadt das Verschwinden eines Heiligen Andreas, einer Madonna mit Kind aus dem 17. Jahrhundert, von zwölf schweren Silberkandelabern und einigen antiken Möbeln im Wert von mehreren zehntausend Mark.

Wenn auch Italien im Zentrum der diebischen Aktivität steht, hat der Vatikan jetzt für die ganze Welt ein Sofortprogramm ausgearbeitet, das die ärgsten Schäden verhindern soll: In Kirchen, katholischen Lehrinstituten, Klöstern und Seminarien sollen alle Kunstgegenstände erfaßt, fotografiert und registriert werden. Dort, wo Staat und Gemeindeverwaltungen die Möglichkeit geben, so verfügt die ›Regierung‹ des Papstes, bleiben die Wertgegenstände unter Aufsicht von bezahlten Wärtern der Öffentlichkeit weiterhin zugänglich. Wo dieser Schutz nicht mehr besteht, werden Kirchen und Klöster – außer einer kurzen Zeitspanne für die Heilige Messe – geschlossen. Der mit dem Schutz der Kunstgegenstände beauftragte Monsignore empfiehlt den Bischöfen: alle Werte in Sicherheit bringen und an zentraler Stelle in modernen Museen gegen Bezahlung ausstellen. Werden nicht auf diese Weise die Werke großer Meister ihrem eigentlichen Publikum vorenthalten? Die Antwort der Kunstbewahrer kommt ohne langes Zögern: ›Wenn wir weitermachen wie bisher, sind Kunst- und Kultgegenstände eines Tages unwiederbringlich verloren.‹

Während des Studiums sollen auch die Priester besser mit den Schätzen der Kirche vertraut werden. Viele von ihnen kennen zwar Liturgie und Lehre der Kirche im Schlaf, können aber nicht einen wertlosen Schinken von einem Meister des ›Rinascimento‹ unterscheiden. Nach dem Konzil gaben Geistliche oft unkontrolliert alte Kircheneinrichtungen an Antiquitätenhändler ab, ohne sich über ihren Wert Rechenschaft abzulegen. Derweil gelangten alte Möbel aus Sakristeien auf den Markt und schmücken heute die Landhäuser begüterter Familien. Schön gearbeitete Tabernakel waren eine Zeitlang Verkaufsschlager, weil sie sich ohne großen Aufwand in eine Hausbar verwandeln ließen. Als erste Gegenmaßnahme fand in der päpstlichen Universität Gregoriana in Rom ein Kursus für Kunstgeschichte statt, der sich gezielt mit kirchlichen Kunstwerken befaßte. Stolz verkünden die Monsignori in der Kurie: ›Wir sind auf dem Wege, eine neue Generation von Priestern heranzubilden.‹

In Europa hat die mit Beginn des Jahres 1993 geschehene Öffnung der Grenzen die Kirche nicht unvorbereitet getroffen. ›Wir rechneten schon früh mit einer Eskalation der Diebstähle und haben rechtzeitig vorgebeugt‹, läßt sich der Kulturbeauftragte des Vatikans vernehmen. Alle Diözesen von der Nordsee bis zur Südspitze Siziliens sind aufgefordert, Inventur zu machen. ›Wenn der Staat uns nicht helfen kann oder will, müssen wir uns selbst rühren‹, sagen die Verantwortlichen. Zwar fehlt es häufig am Geld, um eine dauerhafte Bewachung der Werte zu garantieren. Doch finden sich immer häufiger Freiwillige, die in der Erhaltung ›ihrer‹ bekannten oder gar berühmten Meister eine persönliche Aufgabe sehen. Manchmal gelingt es auch, Sponsoren zu gewinnen, mit deren Unterstützung eine genügend große Zahl von Kirchen- und Museumswärtern angeheuert werden kann. Was die Plünderung der Kirchen angeht, nimmt Italien noch immer einen einsamen Spitzenplatz ein. ›Von nun an müssen wir darauf bedacht sein‹, heißt es in Rom, ›daß in den nächsten Jahren nicht die Länder Osteuropas ausgeraubt werden.‹

Soldaten ohne Fahne

Italien ist der Statistik zufolge eines der katholischsten Länder, vielleicht mit Ausnahme von Spanien. Fast alle Bürger der Italienischen Republik werden getauft, und 87 Prozent sagen von sich selbst, sie seien gläubige Christen. Dabei sind drei Viertel dieser Soldaten Christi nicht in der Lage, auch nur ein einziges Dogma zu nennen. Seltsame Armee, die nichts von ihrem militärischen Reglement weiß und wohl große Schwierigkeiten hätte, ihre eigene Fahne zu erkennen!

Enzo Biagi in seinem kritischen Buch ›Italia‹, (Erfolgsautor, viel gelesener Leitartikler und angesehener Star zahlreicher Fernseh-Sendungen)

Vollzogen und nicht geschlossen

Ehe die beiden Kammern des Parlaments 1970 das Scheidungsgesetz verabschiedeten, gab es in Italien allenfalls eine vom Richter zu bestätigende ›Trennung‹ der Eheleute oder die Feststellung eines Kirchengerichts, eine Ehe sei von vornherein ungültig, weil sie ›zwar geschlossen, aber nicht vollzogen‹ wurde. Ironischer Kommentar des römischen Christdemokraten und vielfachen

Ministerpräsidenten Giulio Andreotti: ›Ich frage mich übrigens, ob man sich nicht heutzutage mehr um die vollzogenen, aber nicht geschlossenen Ehen kümmern sollte.‹

Von Valdes bis Lutero

In einem Meer von Taufschein-Katholiken sind die evangelischen Christen Italiens eine verschwindend kleine Zahl. Doch ihre Aktivität und ihr reformatorisches Profil tragen dazu bei, daß sie in Rom und anderswo besondere Aufmerksamkeit finden. Organisiert haben sie sich zum Teil im Evangelischen Kirchenbund mit Sitz in Rom, dem außer den gemeinsam auftretenden Baptisten, Methodisten und Waldensern (kircheninternes Scherz-Kürzel ›BMW‹) zahlreiche, ebenfalls eingewanderte Bürger angehören: Lutheraner, Adventisten, Pfingstler, Mitglieder der Heilsarmee und Angehörige verschiedener Freikirchen. Während die Angehörigen der traditionellen Kirchen die Zahl 50000 kaum überschreiten, wurde die stark wachsende Gemeinschaft der Pfingstler schon Anfang der neunziger Jahre auf rund 300000 geschätzt.

Die Wurzel der protestantischen Konfession in Italien haben die Waldenser gelegt. Schon im 13. Jahrhundert, also weit vor der Reformation Martin Luthers und Johann Calvins, predigten sie Armut, verweigerten den Waffendienst und lehnten Priestertum und Kirchen-Hierarchie ab. Obwohl Rom die ›Ketzer‹ unter steigenden Druck setzte, gelang es ihnen, sich in Frankreich auszubreiten, in der Lombardei, Flandern, Deutschland, Böhmen und Polen. Seit der Reformation schlossen sich die Waldenser den reformierten Kirchen an. Nur mit Mühe gelang es einem kleinen Teil von ihnen, in unzugänglichen Alpentälern zu überleben. Dabei mußten sie im Kampf gegen päpstliche Söldner ihr Prinzip der Waffenlosigkeit aufgeben.

Ende des 17. Jahrhunderts mußten die Waldenser sogar über die schneebedeckten Berge nach Norden flüchten, um ihr nacktes Leben zu retten. Drei Jahre später aber gelang ihnen die ›Glorreiche Rückkehr‹, die heute noch als Festtag begangen wird. Die an Verfolgungen reiche Geschichte liefert also den Grund dafür, daß sich die Anhänger des Kaufmannssohns Petrus Valdes – der ähnlich seinem Zeitgenossen, dem später heiliggesprochenen Franziskus von Assisi eine radikale Rückkehr zu den Lehren des Evangeliums forderte – noch heute von allen anderen evangelischen Kirchen durch ihre schroff distanzierte Haltung zur katholischen Kirche unterscheiden.

Zu Baptisten und Methodisten, die sich erst in neuerer Zeit in Italien niedergelassen haben, unterhalten die Waldenser ein besonders enges Verhältnis. Als im Winter 1980 ein Erdbeben südlich von Neapel Tod und Zerstörung ins Land trug, leisteten die evangelischen Kirchen viel beachtete Hilfe: Freiwillige packten an bei den Räumungsarbeiten; eilig zusammengetragene Sachspenden halfen den Obdachlosen aus der ersten Not; durch Vermittlung des Kirchenbundes erhielten die betroffenen Bauern aus der Schweiz leistungsfähige Milchkühe. Zwar fand die auf Anraten der Eidgenossen gegründete Viehzucht-Genossenschaft viel Aufmerksamkeit in der Fachwelt. Doch inzwischen ist das Experiment gescheitert, weil kleinkariertes Profitdenken die Oberhand behalten hat über die vielversprechend angelaufene Gemeinschaftsarbeit.

Als Antwort auf Analphabetismus und Arbeitslosigkeit haben die evangelischen Kirchen im sizilianischen Riesi ein Zentrum errichtet, in dem Kleinkinder verwahrt und Schüler unterrichtet werden, die später in einer Berufsschule erste handwerkliche Fertigkeiten erlernen. Auch die örtliche Landwirtschaft hat mit Hilfe einer Kooperative die Öl- und Weingewinnung kräftig gesteigert. Heute gehören dem Winzerverein von Riesi über tausend Mitglieder an.

Ähnlich segensreich wirkt die Waldenserkirche im Elendsviertel ›La Noce‹ von Palermo. Hier verhindern seit 1970 ein Jugendhaus und ein Kindergarten, daß Jugendliche allzu früh sich selbst überlassen bleiben und so in die Hände des organisierten Verbrechens geraten. Diese aufopfernde Arbeit gegen das Anwachsen der Mafia wird auch von mitteleuropäischen Kirchen kräftig unterstützt. Seit 1974 gibt das Zentrum täglich 500 Mahlzeiten aus, entwickelt durch verschiedene Ateliers frühe berufliche Begabungen und betreut eine größere Zahl behinderter Kinder. Das Gegenstück solcher Aktivitäten im italienischen Norden ist das Studieninstitut ›Jacopo Lombardini‹ von

Cinisello Balsamo, in dem schulisch zurückgebliebene Arbeiter und Angestellte ihre mangelhafte Grundausbildung abschließen können. Sein Name erinnert an einen methodistischen Geistlichen, der wegen seiner antifaschistischen Tätigkeit ins Konzentrationslager Mauthausen verschleppt und dort ermordet wurde.

Die bedeutendste Arbeit der evangelischen Kirchen in Italien aber gilt dem inzwischen auf eine Million gewachsenen Heer von Einwanderern aus Afrika und Asien. Drei Ziele hat sich der ›Servizio rifugiati e migranti‹, der Flüchtlings- und Einwandererdienst, gesetzt: 1) Information der Mitgliedkirchen und der italienischen Gesellschaft über die Länder der Immigranten, 2) Druck auf das politische Rom, um die Bedingungen für die Einwanderer zu verbessern, und 3) Solidarität mit jedem einzelnen Flüchtling, der in Not geraten ist. Freiwillige Helfer erledigen einen großen Teil der Arbeit, doch seit kurzem ermöglicht das italienische Gesetz auch den Einsatz von Wehrdienstverweigerern zum Wohl der farbigen Gäste. Die Kirchen wollen den Staat nicht von seiner Pflicht zur Sozialarbeit entlassen, deshalb heißt ihre Devise, ›keine großen Strukturen schaffen‹. Vielmehr springen sie überall dort ein, wo die Regierung ihrer Aufgabe, Notleidenden zu helfen, nur ungenügend nachkommt. Eine große Bedeutung kommt auf diesem weiten Feld der im frühkapitalistischen England geborenen Heilsarmee zu. Ihre rund 2000 Mitglieder verbinden die Verbreitung des Evangeliums mit diakonischer Arbeit, die sie schon seit 1915 in Italien leisten. Allein in Rom halten die nach militärischem Vorbild Uniformierten 25 Plätze für weibliche und 180 Zimmer für männliche Obdachlose bereit. Viele der Bedürftigen kommen aus der Dritten Welt, gehören also meist nichtchristlichen Religionen an. Doch sie können gewiß sein, daß sich ihre Gastgeber die spottbillige Aufnahme im Gästehaus nicht durch erzwungene Kirchenübertritte bezahlen lassen. In katholischen Krankenhäusern herrschte diese Unsitte noch bis ins vorige Jahrhundert hinein.

Vorwiegend aus Deutschland, aber auch aus der Schweiz und aus Österreich kommt der Stamm der Gläubigen, die der Lutherischen Kirche in Italien angehören. Die Geschichte der einzelnen Gemeinden ist so verschieden wie ihre Zusammensetzung. Während die Tradition der in Venedig angesiedelten Lutheraner bis ins 16. und die der Triestiner bis ins 18. Jahrhundert zurückreicht, wurzeln die Gemeinden Rom und Genua, Mailand, Florenz, Bozen und San Remo im

19. Jahrhundert. Die drei Kirchen des ›Martino Lutero‹ am Golf von Neapel mit ausschließlich italienischen Mitgliedern sind erst nach dem Zweiten Weltkrieg entstanden. In Messina löschte das gewaltige Erdbeben 1908 eine blühende Gemeinschaft aus, doch seit Anfang der neunziger Jahre regt sich in Sizilien wieder neues Leben. Anfangs herrschte unter den Lutheranern eine gewisse Spannung zwischen dem deutschen und dem italienischen Element unter südlicher Sonne. Doch inzwischen setzt sich der Geist des gemeinsamen Bekenntnisses durch, und das traditionelle Monatsblatt ›Miteinander‹ veröffentlicht seit Jahren unter dem entsprechenden Titel ›Insieme‹ viele Beiträge in italienischer Sprache.

Im Gespräch mit katholischen Freunden hören die Evangelischen in Italien noch oft die Frage, ob sie denn auch wahre Christen seien. Allein der fehlende Marien-Kult scheint manchem Fragesteller ausreichend, um den ›getrennten Brüdern und Schwestern‹ den christlichen Qualitätsstempel zu verweigern. Doch die Zeiten der harten Frontstellung sind vorbei. Zwar halten Kurie und Papst es weiterhin für richtig, den gemeinsam mit evangelischen Vertretern gefeierten Gottesdienst in der Woche ›Für die Einheit der Christen‹ mit dem Altarsakrament zu feiern, von dem die Nicht-Katholiken ausgeschlossen sind. Doch hat das ökumenische Gespräch viele Breschen gerissen in die Mauer, die vor Jahrzehnten noch die beiden Konfessionen streng voneinander trennte.

Auf katholische Initiative ging die Arbeit des ›Segretariato attività ecumeniche‹ (SAE), des Sekretariats für ökumenische Aktivitäten, zurück. Ihre über viele Jahre gleichbleibende Frage lautet: ›Wie sehen Katholiken die Evangelischen, wie sehen Evangelische die Katholiken?‹ Gleich nach dem Krieg trafen sich Christen, die die Einheit wollten, in Venedig zum erstenmal. Heute wirken in ganz Italien Laien und Priester, beamtete Geistliche und evangelische Christen, unter diesem Zeichen, um nach Wegen zu suchen, die zum gemeinsamen Ziel führen. Bei der jährlichen Begegnung am Südtiroler Mendelpaß trafen sich Katholiken und Evangelische schon 30 mal, um einander im Bibelverständnis näherzukommen. Doch die meist von 500 und mehr Personen besuchten Gespräche wirken auch kirchenpolitisch. Nicht selten drücken die Vertreter der Kirchenbasis öffentlich ihre ›Betroffenheit‹ aus, wenn die Amtskirche hier wie dort den Auftrag des Herrn, die Einheit anzustreben, aus den Augen verlieren.

So gering das Gewicht der italienischen Protestanten auch ist, in Rom haben sie ein unübersehbares Denkmal: den nichtkatholischen Friedhof neben der Cestius-Pyramide. Vor über 200 Jahren mußten Christen, die nicht der Papst-Kirche angehörten, in aller Stille und bei Nacht beigesetzt werden, um ›nicht den Zorn des Volkes auszulösen‹, wie es in einer offiziellen Erklärung des Kirchenstaates heißt. 1803 und 1807 trug sogar der preußische Gesandte Wilhelm von Humboldt seine beiden Söhne hier in der Stille der Nacht zu Grabe. Zu jener Zeit ließ die religiöse Toleranz in allen Ländern und unter allen Konfessionen viel zu wünschen übrig. 1811 entstand eine Bild des römischen Malers Bartolomeo Pinelli, das ein solch schaurig-schönes Begräbnis beim Schein vieler Fackeln festhält. Häufig sorgten päpstliche Polizeibeamte dafür, daß die Feiern nicht durch Fanatiker gestört wurden. Aus den benachbarten Weinschenken torkelten damals oft nächtliche Zecher zu den Gräbern und verwüsteten sie. Deshalb erhielten die Gesandten von Preußen, Hannover und Rußland vom Kardinalstaatssekretär die Genehmigung, den Friedhof einzuzäunen.

Aus dieser Tradition wuchs seit dem Ende des 18. Jahrhunderts allmählich die Begräbnisstätte nahe der einzigen Pyramide der Ewigen Stadt, wo bis heute rund 4000 Personen ihre letzte Ruhe gefunden haben. Bis zum Beginn des 19. Jahrhunderts war der Grund und Boden, auf dem sich jetzt der Friedhof befindet, und die ganze Gegend von Porta San Paolo bis Monte Testaccio noch Teil der Campagna und wurde als die ›Prati del popolo romano‹ (Wiesen des römischen Volkes) bezeichnet. Auch den Engländern ist die Stätte lieb geworden, seit ihre Dichter Keats (1821) und Shelley (1822) hier beigesetzt sind.

August Goethe, der 1830 in Rom starb und auf dem ›Testaccio‹ die letzte Ruhe fand, wurde nicht einmal seines eigenen Vornamens für würdig befunden. ›Goethe filius, patri antevertens‹, verkündet der Grabstein (Der Sohn Goethes, dem Vater vorangehend). Heute ist der Friedhof an der Cestius-Pyramide Nicht-Katholiken aus vielen Ländern ein vertrauter Ort. In seine liebevolle Umarmung ist auch das Grab Antonio Gramscis eingeschlossen, des Gründers der kommunistischen Partei Italiens, der 1937 in einem faschistischen Gefängnis verschied und unweit der Pyramide beigesetzt wurde.

LUTHERS ZWEIERLEI ROM

Vom Augustinermönch Martin Luther wird berichtet, er habe Ende 1510 beim Anblick der Ewigen Stadt begeistert ausgerufen: ›Sei gegrüßt, du heiliges Rom! Ja wahrhaft heilig von der Märtyrer Blut, das dort vergossen ist.‹ Ein Jahrzehnt später bei der Niederschrift des Briefes ›An den christlichen Adel deutscher Nation von des christlichen Standes Besserung‹ plagen ihn beim Stichwort Rom andere Gedanken: ›Nur ist aber ein solch Gewürm und Gewimmel in Rom, und alles rühmt sich als päpstlich, daß in Babylon kein solches Treiben gewesen ist. Wenn man dem päpstlichen Hof den hundertsten Teil beließe und neunundneunzig Teile abschaffte, wäre er dennoch groß genug, um in Glaubenssachen Antwort zu geben. Es sind allein mehr als dreitausend päpstliche Schreiber, und wer will die anderen Beamten zählen, da es soviel Ämter gibt, daß man sie kaum zählen kann. Und diese warten alle auf die Stifte und Lehen Deutschlands wie der Wolf auf die Schafe.‹

In anderem Zusammenhang schreibt er: ›Wenn der Türke Städte, Land und Leute zugrunde richtet und die Kirchen verwüstet, da meinen wir, der Christenheit sei großer Schaden entstanden ... Papst, Bischöfe, Priester und Geistliche sollten Hauptmänner und Fahnenträger in diesem geistlichen Streit gegen den geistlichen, viele Male ärgeren Türken sein. Sie aber sind selbst dieser Türke und die Fürsten und Führer des teuflischen Heeres, wie es Judas bei den Juden war, als sie Christus fingen. Es mußte ein Apostel, ein Bischof, ein Priester, es mußte der Besten einer sein, der den Anfang machte, Christus umzubringen.‹

Aus: ›Luther – die reformatorischen Grundschriften‹, dtv München, 1983, ›An den christlichen Adel deutscher Nation von des christlichen Standes Besserung‹ und ›Von den guten Werken‹.

Unfehlbarer als der Papst

Wo hört der Glaube auf, wo fängt der Irrglaube an? Die noch immer voneinander getrennt lebenden christlichen Kirchen gaben und geben auf diese Frage unterschiedliche Antworten. Dem Reformator Martin Luther erschienen die Päpste selbst Statthalter des Antichristen auf dieser Welt zu sein. Ihrerseits stuft die römisch-katholische Nachhut bis in unsere Tage hinein evangelische Kirchen als ›Sekten‹ ein. Zum Glück reizen uns heute Publikationen wie ›I protestanti alla conquista d'Italia‹ (Die Protestanten erobern Italien), 1931 vom Mailänder Verlag Vita e Pensiero für drei Lire auf den Markt geworfen, nur zum Lachen. Bis zur befreienden Öffnung der Kirchenfenster durch das Zweite Vatikanische Konzil störten boshafte Kurzschlußurteile wie das folgende nicht selten die geistliche Großwetterlage in Italien:

Mit dem Anspruch, für den ›zeitgenössischen Katholizismus‹ zu schreiben, steigt der Autor Igino Giordani ohne viele Umschweife ins Thema ein: ›Wenn wir einen dieser Gerüchtemacher, die auf den Straßen und in Provinzeisenbahnen die Bibel verschleudern, fragten: Was ist eigentlich Protestantismus?, er könnte es nicht sagen ... Es ist leichter zu erklären, was Protestantismus nicht ist. Man kann zum Beispiel sagen, er ist kein sakramentales Christentum, er ist kein traditionsgebundenes Christentum, er ist kein glaubwürdiges Christentum. Was aus der Verneinung geboren ist, läßt sich nicht positiv erklären. Sein Wesen drückt sich aus in strengen, negativen Vorschriften: Du darfst dies nicht tun, du darfst jenes nicht sagen. Für Italien ließe sich endgültig festhalten, Protestantismus ist nicht katholisch. Vielmehr ist er antikatholisch.‹

Der Auftakt eines Kapitels über Lutheraner und Calvinisten liest sich so: ›Nachdem wir einen Überblick über den in Italien wirkenden Protestantismus gegeben haben, wollen wir versuchen, die Merkmale der einzelnen Sekten aufzuspüren. Luthers Theorie entstand aus einem Lapsus bei der Bibelübersetzung, der bei allem guten Willen der Lutheraner einer heutigen kritischen Exegese nicht standhält. Weil Luther sein Fleisch nicht zügeln konnte und deshalb von Zweifeln gepeinigt wurde, glaubte er die Antwort auf seinen Fall im Römerbrief des Paulus gefunden zu haben: die Rechtfertigung allein aus der Gnade. Die Kirche mit Tausenden von Heiligen und Theologen hatte eine solche Bedeutung noch nie entdeckt, die die christliche Ethik erschüttert. Der erste, der dahinterkam, war angeblich Luther, aber nicht erleuchtet durch den Heiligen Geist, sondern unter dem Drang seiner ungezähmten Lüsternheit.‹

Entgleisungen wie diese gehören zum Glück der Vergangenheit an. In den letzten Jahren gewinnt sogar die gute Gewohnheit Oberhand, selbst zwielichtige Gruppen nicht mehr als Sekten, sondern als ›Alternative religiöse Bewegungen‹ zu bezeichnen. Ihre Position außerhalb der Kirchen bleibt zwar festgelegt, eine moralische Wertung ist aber nicht damit verbunden. Katholische Wissenschaftler, die für die Fachorganisation ›Gruppo di Ricerca di Informazione sulle Sètte‹ (GRIS) alles erreichbare Material gesammelt haben, sind der Überzeugung, daß neue religiöse Formen von 200000 bis 500000 Italienern angenommen worden sind und daß ihre Zahl jährlich um zehn Prozent steigt. Andere Theologen vermuten, doppelt soviele Menschen hätten sich neuen Varianten des Glaubens zumindest angenähert. Während die Verehrung zweifelhafter Heiliger, denen die römisch-katholische Kirche ihre Anerkennung versagt, vor allem im Süden der Apenninhalbinsel anzutreffen ist, finden christliche und nichtchristliche Gruppen, meist aus angelsächsischen Ländern nach Europa eingewandert, vor allem in Norditalien neue Jünger. Allerdings führen viele solcher Bewegungen nur ein kurzes, an die Mode gebundenes Leben und machen dann wieder anderen Gemeinschaften Platz.

Anfangs beschränkten sich Priester und Bischöfe darauf, die ›Irrlehren‹ der neuen Propheten anzuprangern und ihren Schäfchen Höllenqualen zu prophezeien, wenn sie sich diesen zuwenden sollten. Eine gelassenere Auseinandersetzung mit dem sich langsam ausbreitenden Phänomen hat die Sprache sachlicher werden lassen. Selbst Handbücher für den innerkirchlichen Gebrauch sprechen inzwischen von einem wachsenden religiösen Bedürfnis der Menschen in der modernen Gesellschaft, das offenbar vom Angebot der traditionellen christlichen Kirchen nicht immer befriedigt werden kann.

Senioren der neuen Bewegungen sind die gegen Ende des vergangenen Jahrhunderts über den Atlantischen Ozean gekommenen ›Zeugen Jehovas‹, die in Italien mit mindestens 200000 Anhängern verbreitet sind. Ihre von opferbereiten Gläubigen angebotenen Zeitschriften ›Der Wachturm‹ und ›Wachet auf‹ sind in den Großstädten des Landes nicht mehr zu übersehen. In den Krankenhäusern bringt die aus den ›Ernsten Bibelforschern‹ hervorgegangene Sekte viele Ärzte in Verlegenheit, weil ihre Mitglieder für sich und ihre Kinder Blutübertragungen strikt ablehnen. Lange ehe Rom ein Gesetz zur Legalisierung der Wehrdienstverweigerer verabschiedete, nahmen die ›Zeugen Jehovas‹ selbst wiederholte Gefängnisstrafen hin, um keine Waffe in die Hand nehmen zu müssen.

Häufig hat der Familiencharakter neuer radikal-christlicher Gruppen eine so starke Anziehungskraft, daß besonders junge Leute den herkömmlichen Pfarreien den Rücken kehren, um sich neuen Formen der Frömmigkeit anzuschließen. Die Papstkirche hat sich noch nicht zu einer eindeutigen Einstufung der nicht-katholischen Kirchen und Bewegungen entschließen können. Einerseits wachsen die Bestrebungen, durch häufige Kontakte der Theologen, aber auch der Gläubigen an der Basis die Kluft zwischen Rom und den ›getrennten Schwestern und Brüdern‹ geringer werden zu lassen. Andererseits warnt die katholische Hierarchie das Kirchenvolk noch immer vor Radiostationen und Zeitungen der Pfingstler, der Heilsarmee und vor den Aktivitäten des Christlichen Vereins Junger Männer, die alle ihren Platz haben im evangelischen Kirchenraum Italiens. Manchmal gedankenlos, manchmal aber auch im Sinn einer vom Papst propagierten ›Neu-Evangelisierung Europas‹ sperrt die römische Hierarchie evangelische Christen oft ins Ghetto der Sekten.

Eine steigende Bedeutung gewinnen in Italien radikale Gruppen mit hinduistischen oder buddhistischen Wurzeln. Zwar bekennen sich nach jüngsten Feststellungen nur 300 ›Getreue‹ oder Mönche zu dem aus den USA kommenden Guru Hare Krishna, doch müssen ihnen tausend engste Anhänger und 30000 Sympathisanten zugerechnet werden. Eher noch größeres Gewicht haben indische und japanische Gemeinschaften, die vor allem in mittleren und gehobenen Gesellschaftsschichten Fuß fassen. Ihre Anhänger fliehen den Lärm moderner Großstädte, lassen sich einfangen vom Zauber der Meditation und widmen sich einem zivilisationsverneinenden Gruppenleben. Einige ihrer Zentren, wie die Sekte des Koreaners Sun Myung Moon, beziehen ihre Kraft aus der Vermischung östlicher und christlicher Ideologie, deren Vollender die Moon-Doktrin zu sein vorgibt.

So unterschiedlich die aus fast allen Erdteilen nach Italien gekommenen Sekten auch sind, sie haben nach den Beobachtungen des GRIS viele gemeinsame Eigenschaften: Sie gründen sich zwar auf das Prinzip der Freiwilligkeit, dulden dann aber keine andere geistliche und geistige Wahrheit neben sich. Sie zwingen ihre Mitglieder zur Absonderung von der Welt und unterwerfen den Willen der Anhänger dem eines Oberhaupts. Jede Frau und jeder Mann der Gruppe lebt in dem Bewußtsein göttlicher Sendung, ist den eigenen Familienmitgliedern und Freunden meist unerreichbar und reagiert selbst auf diskrete Kontaktversuche mit fanatischem Widerstand. Das Bewußtsein, einer Elite anzugehören, wird erst durch raffinierte Formen der Gehirnwäsche und der Ausbeutung erreicht, die viele Häupter der erfolgreichsten Sekten zu Dollar-Millionären machen.

Einerseits leben die ›Getreuen‹ und Mönche, aber auch die weniger fanatischen Anhänger der Gruppe im Bewußtsein der Unfehlbarkeit ihrer Lehre. Andererseits aber neigen sie zum Pessimismus und leugnen den Wert der Welt und des Lebens schlechthin, was sie in vielen Fällen zum Selbstmord treibt. Wie die Mailänder Polizei berichtet, verschwinden allein in der lombardischen Hauptstadt jährlich 1800 junge Menschen, von denen eine nicht genannte Zahl Hand an sich legt. Nach Berichten tief enttäuschter ›Jünger‹ neureligiöser Bewegungen, denen es gelang, ihre Krise zu überwinden, besteht ein enger Zusammenhang zwischen den seelisch aufwühlenden Lehren und dem Schicksal ihrer Anhänger: Viele bringen es nicht fertig, mit eigener Kraft aus dem Teufelskreis zwischen früher Begeisterung und späteren Depressionen herauszufinden.

Das viele Jahrhunderte lang ausschließlich unter dem Baldachin der römischen Kirche lebende Italien läßt heute die absonderlichsten Blüten am Baum des Glaubenslebens treiben. Neben rund 30 neochristlichen und orientalischen Bewegungen unterscheidet der von der katholischen Amtskirche organisierte ›GRIS‹ noch einmal soviele andersartige Gemeinschaften. Von den synkretischen Lehren, also jenen, die der Vollendung des Geistlichen durch eine Vermischung bekannter Bekenntnisse und Religionen näherzukommen hoffen, ragt vor allem die ›Assemblea Spirituale Baha'i‹ hervor. Andere setzen ihre Ideologie auf eine pseudowissenschaftliche Basis.

Bei einer kaum überschaubaren Zahl illegitimer Ableger kirchlich gebundener Frömmigkeit, vor allem im Norden des Landes, ist nur schwer zu beurteilen, ob es sich um eine Art von snobistischen Gesellschaftsspielen handelt oder um abartige Religiosität. Gründe, die moderne Menschen mit Zauberei, schwarzen Messen und Teufelskult zumindest vorübergehend auf solche Abwege führen, liefert das Leben tausendfach: gesundheitliche Gebrechen, Probleme in der Liebe, Ärger mit Kollegen am Arbeitsplatz und Zorn auf Nachbarn und Familienangehörige. Kaum ein Privatfernsehsender verzichtet zur günstigen Nachtzeit auf ein episch breites Horoskop. Auch die Kirche spielt in diesem obskuren Ringelreihen ihren Part, wenn sie nach einem genau festgelegten Ritus aus ›Besessenen‹ den bösen Geist austreibt. Einige ›Vaticanisti‹, das sind Journalisten, die sich den ganzen Arbeitstag lang nur mit den Vorgängen hinter den Vatikanmauern beschäftigen, schwören Stein und Bein darauf, selbst der polnische Papst betreibe mitunter die Kunst des Exorzismus.

Auch im Süden, sagten wir, geht der Glaube manchmal etwas in die Irre. Dabei soll gar nicht untersucht werden, ob der legendäre Januarius, dessen sich abwechselnd verflüssigendes und verfestigendes Blut den Neapolitanern heilig ist, tatsächlich gelebt hat. Die Kirchentradition hat außer diesem ›Geist in der Flasche‹ schon ganz andere Ungereimtheiten hingenommen, ohne deshalb den Weg der wahren Lehre verlassen zu haben. Oft müssen sich Papst und Hierarchie für die Glaubwürdigkeit der christlichen Botschaft und gegen Volkes Stimme entscheiden, wenn wieder einmal in den Bergen von Kalabrien ein Madonnenbild blutige Tränen weint oder wenn wieder einmal einem Bauernmädchen mit schwachem Schulabschluß die Heilige Jungfrau erschienen ist. Das Vordringen des Fernsehens bis in die letzten baufälligen Häuser sizilianischer Bergdörfer scheint ohnehin der Fülle mediterraner Erscheinungen entgegenzuwirken.

Doch auch heute noch richtet sich unter südlicher Sonne der Glaube nicht auf graue Gedankengebilde, sondern auf Sichtbares: Reliquien, Kirchenschmuck, Heiligenbilder. Dabei geschieht es nicht selten, daß das Bild zum Wesentlichen entartet. Wir erinnern uns: Als der Vatikan noch zur Zeit Pauls VI. versuchte, im wild wuchernden Garten der Kirche mit der Heckenschere zu wirken und 30 Heilige aus dem liturgischen Kalender strich, für deren Existenz auf der Erde es keinen Beweis gibt, murrte das Volk vor allem im Mezzogiorno. Einer vom Geist des Konzils bewegten Theologen klagte damals: ›Wenn durch die Kalenderreform die Dreifaltigkeit, Jesus Christus oder der Heilige Geist abgeschafft worden wäre, der Protest hätte kaum größer sein können.‹ Das von Karl Rahner herausgegebene Theologische Taschenbuch von Herder unterscheidet systematisch:

a) Aberglauben als Reste heidnischer Gesinnung, b) Aberglauben als Relikte überholter Glaubens- und Wissensstufen und c) Aberglauben als falsch verstandenen Glauben an legitimes Brauchtum. Italiens Mezzogiorno ist wie ein aufgeschlagenes Buch für solche spirituellen Abweichungen. Der Süden beginnt schon in Rom. Auf dem Kapitolshügel im Innern der Kirche S. Maria in Aracoeli hat angeblich der Teufel seine Spur hinterlassen. In vergangenen Zeiten, so erzählt man, sei bei einem Exorzismus der Satan aus einem Besessenen herausgefahren und habe das Gotteshaus unter Hinterlassung von Schwefelgestank und eines schwarzen Fußabdrucks eilends verlassen. Noch heute drängen sich Neugierige um die in einer Marmorplatte zu sehende seltsame Vertiefung, die einen Fußballen und Zehen zu zeigen scheinen. Zumindest dieser Teufel hatte keinen Bocksfuß.

Je weiter sich das Leben von den großen Städten entfernt, umso seltsamere Schlingpflanzen wachsen auf dem Grund, den die Menschen Glauben nennen. Jahrelang war ein Dörfchen nahe von Salerno Mittelpunkt einer internationalen Wallfahrt, weil hier eine blutige Familientragödie ihre Fortsetzung im Wunder zu haben schien: Durch Unachtsamkeit tötete der Vincenzo G. seinen Neffen Alberto beim Rangieren mit seinem Lastwagen. Carlo, Albertos Vater, wollte an dem flüchtigen ›Mörder‹ Rache nehmen. Zwei Tage nach dem traurigen Vorfall hört Giuseppina G., Schwester der tödlich Verfeindeten, die Stimme Albertos im Traum: ›Ihr dürft nicht traurig sein. Ich bin glücklich und lebe in Frieden.‹ Durch den Mund der Tante macht das ›miracolo‹ die Runde. Nach und nach baut Giuseppina für ›Alberto, den Glorreichen‹, einen Altar, dann eine Kirche. Alberto erteilt Tausenden guten Rat, heilt Krankheiten und segnet das Volk. Aber die Lottozahlen sagt Alberto nicht zuverlässig voraus. Deshalb erdolcht ein Arbeitsloser, der sein letztes Geld verwettet hat, Tante Giuseppina. War es das Ende des von der Kirche nie geduldeten Kultes? Keineswegs! Anstelle der Toten führten Verwandte den Unfug weiter und scheffelten noch jahrelang viel Geld durch den Verkauf von Eintrittskarten, Andenken und einen Restaurantbetrieb.

Heuschrecken-Beschwörung

Rom war in seiner Ernährung vor allem auf die Erträge der eigenen Campagna angewiesen, die in vielen Jahren von Schädlingen geplagt wurde. Während des Pontifikats Innozenz X. (1644–1655) schickten die Bauern einen Notruf in die Hauptstadt. Eine alte Chronik schildert den Vorfall so: ›Die Leute von Formello und Umgebung beschworen den Papst inständig, er möge die Grillen und Heuschrecken, welchselbige das Getreide und die Futterpflanzen zerstörten, exkommunizieren und verfluchen. Tatsächlich schickte der Papst darob drei Bischöfe aus, um die Tiere zu verfluchen und ihnen anzusagen, sie sollten sich in den Tiber stürzen und ins Meer schwemmen lassen. Es war wunderbar anzusehen, wie die Schädlinge zum Flusse eilten. Sie füllten ihn dergestalt, daß das Wasser sich schwärzte als wie von Tinte, und die Luft ward erfüllt von ihren Schwärzen als seien es Wolken. Mit Besen fegten die Bauern das Getier vom Ufer in den Tiber, denn sobald es ans Ufer sprang, verschlang es alles, was grün war.‹

Das römische Ritual kannte eine eigene Formel zur Vertreibung von Ungeziefer, die mit den lateinischen Worten begann: ›Exorcizo vos pestiferos vermes, mures, aves, locustas, aut alia animantia ...‹ Zu deutsch: ›Ich beschwöre euch unheilbringende Würmer, Mäuse, Vögel, Heuschrecken oder Flügeltiere ...‹ Allen Schädlingen, die diesem Befehl nicht nachkamen, drohte ›der Fluch des Allmächtigen, der himmlischen Heerscharen und der Heiligen Kirche Gottes‹.

Juden und Muslime am Tiber

Von einem waschechten Römer, dessen Vorfahren auch schon in der Ewigen Stadt geboren wurden, sagt man im hiesigen Dialekt, er sei ein ›Romano de Roma‹. Zu dieser Kategorie zählen fast alle 16000 Juden am Ufer des Tibers. Ihre Urahnen waren schon nach Rom gekommen – anfangs als Bundesgenossen der Imperatoren, später als ihre Gefangenen – als es hier noch keine Christen gab. Später, im Jahre 70 nach Christus, zerstörte der spätere Kaiser Titus den Tempel von Jerusalem. Er deportierte viele Tausend Juden und führte ihre Schätze im Triumphzug durch Rom. Die Reliefs des Titus-Bogens auf dem Forum Romanum berichten davon. Jüdische Sklaven wurden zum Bau des Kolosseums eingesetzt, doch waren sie bei ihren Herren nicht sehr beliebt: Streng achteten sie den Sabbat als Feiertag und befolgten auch peinlich genau ihre Speisevorschriften. Bald entwikkelte sich in Rom eine wachsende hebräische Gemeinschaft, in der freigekaufte jüdische Sklaven dieselben Rechte genossen wie die Angehörigen der vielen anderen Völkerschaften.

Als aber die Päpste den Kaisern die Zügel aus der Hand nahmen, verloren die Juden nach und nach ihre Bürgerrechte. Nur wenige von ihnen ließen sich taufen, meist nicht aus innerer Überzeugung, sondern um ihre Haut zu retten. Die anderen, die sich anfangs im Stadtteil Trastevere (trans tiberim = jenseits des Tiber) niedergelassen hatten, mußten sich wegen ihrer Glaubensfestigkeit allerlei Verfolgungen und Schikanen gefallen lassen. Vom Jahre 1215 an waren sie gezwungen, ein gelbes Zeichen an ihren Kleidern zu tragen, einen Vorläufer des von den Nazis eingeführten Judensterns. Bald darauf ließen sie sich auf der linken Tiberseite nieder. Als Berufe standen ihnen nur der Handel mit alten Kleidern offen und der Geldverleih, was sie aus materiellen Gründen in Konflikt mit der Bevölkerung brachte.

Zum Zeichen der Überlegenheit des Christentums ließ Papst Johannes XXII. im Jahre 1322 den Talmud, die Zusammenfassung der nachbiblischen Überlieferungen, öffentlich verbrennen. Sein Nachfolger Paul II. fand Freude daran, die Juden im Karneval mit Pferden um die Wette laufen zu lassen. Die Straße, in der diese Volksbelustigung stattfand, heißt heute noch ›Via del Corso‹ und bildet die Achse des historischen Rom. Bald darauf zwang Papst Gregor XIII. die Juden, regelmäßig der Heiligen Messe beizuwohnen. Zu diesem Zweck öffneten sich die Ghettotore am Morgen sogar vorzeitig und gaben den Weg frei zur Kirche der Kongregation der ›Madonna der göttlichen Liebe‹. In lateinischen und hebräischen (!) Zeichen war am Kirchenportal ein Satz des Propheten Jesaja zu lesen, der die Gewalt an den Juden rechtfertigen sollte: ›Ich recke meine Hände aus den ganzen Tag zu einem ungehorsamen Volk, das seinen Gedanken nachwandelt auf einem Wege, der nicht gut ist.‹ Sogar Zwangstaufen geschahen häufig.

Mit Beginn der Gegenreformation wurde das Leben der Israeliten in Rom fast unerträglich. Papst Paul IV. sperrte sie 1555 in ein Ghetto, wo nicht nur bedrückende Enge herrschte; häufig überflutete der Tiber die Häuser und bedrohte Leben und Gut der Bewohner. Zwischen dem Theater des Marcellus und dem Portico d'Ottavia umschloß das Ghetto eine Mauer, die über 300 Jahre erhalten bleiben sollte. Anfangs gaben nur zwei Tore den Weg zur Außenwelt frei. In der Nacht blieb das ›Dorf der Juden‹, wie die Römer es nannten, geschlossen. In Venedig war das Ghetto sogar schon eine Generation früher eingerichtet worden. Die Einigung Italiens beendete die Leiden der Juden mit der Verkündung der Glaubensfreiheit durch König Viktor Emanuel II. von Savoyen. Dennoch liefen die Versuche, die Israeliten zum ›rechten Glauben‹ zu bekehren, munter weiter. Erst 1938, als die Rassenverfolgungen in Deutschland schon dem Höhepunkt entgegengingen, löste Papst Pius XI. den Verein der ›Freunde Israels‹ auf. Hinter diesem harmlos klingenden Namen versteckte sich eine Aktion katholischer Fanatiker, die ausschließlich die Bekehrung der Juden zum Ziel hatte. In seinem Begleitschreiben ließ der Pontifex an seiner Gesinnung keinen Zweifel offen: ›Der Apostolische Stuhl lehnt den Haß und die Feindseligkeiten unter den Völkern ab und verurteilt deshalb auch uneingeschränkt den Haß gegen das Volk, das von Gott selbst auserwählt worden ist. Jede andere Haltung könnte heute nur mit dem Wort Antisemitismus bezeichnet werden.‹

Die seit 1922 regierenden Faschisten ließen den Juden anfangs ebenso viele Freiheiten wie den übrigen Bürgern. Erst kurz vor Kriegsbeginn verabschiedete Mussolini auf deutschen Druck seine Rassengesetze, die ›Nichtarier‹ aus dem öffentlichen Dienst ausschlossen. Im Gegensatz zu Deutschland allerdings griffen diese Vorschriften weniger brutal in das Leben der Gesellschaft ein. Erst nach dem Sturz Mussolinis wurden zahlreiche Juden in Konzentrationslager verschleppt und umgebracht. Allein aus Rom verschwanden über 2000 Juden. Heute leben auf italienischem Boden ungefähr 30000 Israeliten.

Im Frühjahr 1986 sorgte Johannes Paul II. für eine Weltsensation, weil er als erster Papst der Kirchengeschichte die Anfang des Jahrhunderts erbaute Synagoge am Tiber besuchte und die Juden als ›unsere älteren Brüder‹ ansprach. Trotzdem herrscht noch nicht eitel Friede zwischen den ungleichen Geschwistern auf dem linken und rechten Flußufer. Der Heilige Stuhl hat sich lange Zeit geweigert, den Staat Israel anzuerkennen. Nach den Vorstellungen des Papstes müßte Jerusalem, die geistliche Hauptstadt der drei monotheistischen Religionen, internationalisiert werden. ›Welcher Staat in der Welt würde freiwillig auf seine Hauptstadt verzichten?‹ kontert der Oberrabbiner in Rom. Mit dem Besuch des Papstes in der Synagoge zeigte er sich sehr zufrieden, doch ist er davon überzeugt, daß viele Priester das Konzil und seine Öffnungen zu den Israeliten noch nicht mitvollzogen haben: ›Zum Teil bleibt die Kirche antisemitisch.‹

Heute ist das Ghetto ein normales römisches Quartier, wenn es auch seinen unverwechselbaren Charakter behält. Alle Bewohner kennen einander. Die gegenüber der einzigen Tiberinsel liegenden Gäßchen sprechen nicht mehr von Not und Elend, sondern von kleinen bürgerlichen Freuden. Die Menschen aus den anderen Stadtteilen kommen hierher, wenn sie gut essen oder die schmackhaften jüdischen Mandelkuchen kaufen wollen. Trumpf sind hier die verfeinerten einfachen Speisen wie ›mozzarella in carrozza‹, der berühmte Weißkäse, zerlaufen auf einer Scheibe Toast oder ›carciofi alla giudia‹ (Artischocken auf jüdische Art), die so herrlich frittiert sind, daß sie zwischen den Zähnen knacken. Nicht weniger beliebt als die Restaurants sind die im alten Stil geführten Geschäfte für Bekleidung und Gebrauchsgüter wegen ihrer vorteilhaften Preise.

Seit kurzer Zeit erst sind auch Muslime Gäste im Lande. Ihre Zahl ist in Italien vom Beginn der siebziger Jahre an auf über 300000 gewachsen. Anfangs strömten sie als illegale Einwanderer aus Afrika und Asien vor allem nach Sizilien. Ihre Arbeitskraft braucht man auf den Fischkuttern, die oft wochenlang auf Fahrt sind und nicht selten von libyschen Küstenfahrzeugen unter Beschuß genommen werden. Die nächste Welle der Immigranten besetzte gefährliche oder schlecht bezahlte Plätze in der Industrie. Der Rest betätigt sich auf den Straßen der Großstädte als fliegende Händler. Inzwischen sorgt ein strenges Ausländergesetz dafür, daß der Fluß der Einwanderer geringer geworden ist. Nur politische Flüchtlinge, deren Leben zu Hause in Gefahr ist, können einen Asylplatz beanspruchen. Wer als ›Tourist‹ länger als sechs Wochen im Lande bleibt, muß damit rechnen, sofort abgeschoben zu werden.

In Mailand entstand zuerst ein islamisches Kulturzentrum, in dem die Immigranten vor allem geistlichen Beistand finden. Eine ähnliche Einrichtung existiert in Rom. Beide Zentren stehen den Menschen aus zahlreichen arabischen Ländern, aus Indien und Pakistan bei, den endlosen Kampf mit der Bürokratie zu bestehen. Auch viele unter dem Dach christlicher Kirchen entstandene Gruppen reichen den Farbigen die Hand. Doch sind heute nicht mehr alle Bischöfe bereit, dem fremden Kult ihre Gotteshäuser aufzuschließen. Die allzu schnell wachsende Zahl der Muslime hat ihnen Angst eingejagt. Die Oberhirten Venetiens sahen sogar die Notwendigkeit, die jungen Frauen ihrer Diözesen in einem Hirtenbrief vor einer übereilten Ehe mit Muslimen zu warnen. Vorher sei eine ›ausführliche Unterrichtung über die großen Schwierigkeiten und Konsequenzen auf religiösem, kulturellem und juristischem Gebiet‹ dringend notwendig. ›Eine Frau, die einen Muslim heiratet‹, unterstreicht ein Sprecher der Bischöfe, ›muß wissen, daß ihr Mann neben ihr noch drei weitere Ehefrauen haben kann.‹

In Mailand und in Catania gibt es schon lange bescheidene Moscheen, in denen sich die Gläubigen zum Gebet in Richtung Mekka verneigen. Rom folgte bald nach. Hier hatte eine kleine islamische Gemeinde schon in der Zeit des Faschismus um eine Baugenehmigung für ein Gotteshaus nachgesucht, aber ohne jeden Erfolg. Eine Moschee in der Stadt des Papstes? Das klang in den zwanziger Jahren noch nach Lästerung des dreieinigen Gottes. Erst in den siebziger Jahren – die Ölkrise gab hierzu den letzten Anstoß – verzichtete der Vatikan auf seinen Widerstand. Inzwischen ist am Rande des Diplomatenviertels Parioli, auf dem ›Monte Antenne‹, eine Moschee entstanden, die ihr Erbauer, der italienische Architekt Paolo Portoghesi, als die größte Europas bezeichnet. Die 32 Säulen des Gebetssaals sind in einer Art Flechtwerk wie betende Finger ineinander verschlungen. Im

Innern des Gotteshauses haben mehr als 2000 Gläubige Platz, und weitere tausend können im angrenzenden Kultursaal an der Zeremonie teilnehmen, wenn sie über Lautsprecher dorthin übertragen wird.

Kritiker des eindrucksvollen Bauwerks bemerkten schon vor Jahren, es sei ungehörig, daß die Muslims mit ihrem Gotteshaus dem Petersdom Konkurrenz machten. ›Lächerlich‹, wehrt Portoghese ab. ›Die Kuppel der Moschee ist 25 Meter breit und 25 Meter hoch. Die Peterskirche mißt 43 mal 130 Meter.‹ Trotzdem mußte der römische Architekt lange um eine Genehmigung kämpfen: Das im Plan 40 Meter hohe Minarett ging bei den Behörden nicht durch. Erst im letzten Anlauf gelang der Himmelssturm. Die Bausumme von 80 Millionen Mark teilten sich 24 gemäßigte islamische Länder, die in Rom ihre diplomatische Vertretung haben. Das Mailänder Zentrum hingegen ist fest in Händen der Fundamentalisten. Inzwischen bemüht sich der Vatikan um freundschaftliche Beziehungen zu den Muslimen im Geiste des päpstlichen Friedensappells von Assisi. Am ersten Tag des islamischen Fastenmonats Ramadan schickt der Präsident des Päpstlichen Rates für den interreligiösen Dialog sogar eine Grußadresse. Die erste dieser Botschaften gipfelte in dem Satz: ›Der Glaube an den einen, wahren, lebendigen Gott, das Erbe aller geistlichen Kinder Abrahams, des Vaters aller Gläubigen, einigt uns als Brüder und Schwestern in Gott und ermutigt uns, gemeinsam für Solidarität, Gerechtigkeit und Frieden zwischen den Völkern zu arbeiten.‹

Doch manchem geht diese Öffnung nicht weit genug. Zu ihr in Kontrast steht auch die Neu-Missionierung Europas, die kurz vor dem Beginn des dritten Jahrtausends zum Lieblingsthema Johannes Pauls II. geworden ist. Der brillante Theologe und Pazifist Ernesto Balducci arbeitete diesen Gegensatz in einem Interview mit der Mailänder Tageszeitung ›Corriere della Sera‹ in nur wenigen Sätzen heraus.

›Das Christentum hat sich selbst in alle Welt exportiert in der ihm eigenen historisch-kulturellen Form. Bis vor 30 Jahren noch wurde in Peking die Messe in Latein gelesen. Heute erleben wir das Auseinanderbrechen von kultureller Form und messianisch-prophetischer Kraft des Christentums. Das erklärt auch die Ambivalenz des jetzigen Papsttums. Während des Golfkriegs hat Wojtyla weltweite Akzente gesetzt und inspirierte sich an dem, was heute wahres Christentum bedeutet: an der Verbindung von evangelischer Prophetie und Menschenrechten. Aber er ist auch ein ›vir catholicus‹ im tridentinisch-polnischen Sinne und behauptet, die Kirche sei die Seele Europas. Das ist ein heute sinnloser Gemeinplatz, der früher einmal die Scheiterhaufen legitimierte, auf denen man die Ketzer verbrannte. Aber der messianisch-prophetische Druck wird in der christlichen Welt täglich stärker, und ich erwarte, daß an die Stelle dessen, was einmal die fortschrittlichen Ideologien der modernen Welt waren, künftig christliches Gedankengut treten wird.‹

Das hässliche Grabmal der Finzi-Contini

Wie das Unheil der Judenverfolgung sich anfangs kaum merklich, dann aber plötzlich und vernichtend über einer italienischen Provinzstadt zusammenzog, schildert der Bologneser Schriftsteller Giorgio Bassani in seinem Roman ›Die Gärten der Finzi-Contini‹. Im Prolog erzählt Bassani zunächst vom sonntäglichen Ausflug mit einem befreundeten Ehepaar und dessen neunjähriger Tochter am Meer nördlich von Rom. Zum Abschluß besucht die Gesellschaft etruskische Gräber, gleich neben der Via Aurelia, und fährt dann durch die Nacht nach Hause. In den wenigen abschließenden Zeilen erklingt schon das tragische Motiv der Vernichtung:

›Und da, inmitten der Ruhe und Schläfrigkeit (auch Giannina war eingeschlafen), gingen meine Gedanken wieder einmal zurück zu den Jahren meiner Kindheit und Jugend, zurück nach Ferrara und zu dem Jüdischen Friedhof am Ende der Via Montebello. Ich sah dort wieder die weiten Rasenflächen, auf denen hier und da ein Baum stand, die Grabsteine und Stelen, die nur am Rand der Ringmauer und der Scheidemauern dichter wurden, und, wie wenn ich sie unmittelbar vor Augen hätte, die monumentale Familiengruft der Finzi-Contini – ein häßliches Grab, zugegeben – ich hatte es

von Kindheit an zu Hause sagen hören –, aber immerhin imposant und allein schon dadurch bezeichnend für die Bedeutung der Familie.

Wie noch nie krampfte sich mir das Herz zusammen bei dem Gedanken, daß in dieser Gruft, die doch wohl bestimmt gewesen war, die ewige Ruhe des Auftraggebers zu sichern – seine und die seiner Nachkommenschaft –, nur einer von all den Finzi-Contini, die ich gekannt und geliebt hatte, Ruhe gefunden hatte. Nur Alberto, der älteste Sohn, ist dort beigesetzt worden. Während keiner weiß, ob Micòl, die Zweitgeborene, ihr Vater, Professor Ermanno, ihre Mutter Olga und deren gelähmte uralte Mutter, Signora Olga, die alle im Herbst 1943 nach Deutschland deportiert wurden, überhaupt ein Grab gefunden haben.‹

Aus: › Die Gärten der Finzi-Contini‹ von Giorgio Bassani, R. Piper & Co Verlag München, 1963

Elektronisch Gottes Plan erfüllen

Die Zeit, in der die Päpste aus Protest gegen die Einbeziehung des ehemaligen Kirchenstaates in das Königreich Italien den Vatikan nicht mehr verließen, ging schon mit Pius XI. zu Ende. Doch dauerte es noch über ein halbes Jahrhundert, bis Päpste und Kurie intensiv und mit allen modernen Kommunikationsmitteln in die Welt hineinfunkten. Auch vor dem Zweiten Weltkrieg bemühten sich Vatikanberichterstatter schon, die für die Glaubenswelt und die große Politik wichtigen Entwicklungen im Reich der Päpste wiederzugeben. Häufig waren sie auf Vermutungen angewiesen, auf Gerüchte und Kombinationen. Nur wer einen Vertrauten im Staatssekretariat hatte oder in einer der vielen Kongregationen, erwischte von Zeit zu Zeit eine Teilinformation und war damit seinen Kollegen um einen Schritt voraus. Häufig kam es aber vor, daß interessierte Monsignori ihre Sicht der

Dinge als reine Wahrheit in die Öffentlichkeit lancierten, und so entstand ein widersprüchliches Bild vom Wirken der Kirchenleitung.

Erst in den letzten Jahrzehnten hat der Vatikan mit der ›Sala Stampa‹ (Pressesaal) ein Organ entwickelt, das in großem Umfang und in vielen Sprachen zuverlässige Informationen über Papst und Kirche liefert. Gewiß finden die Journalisten in den großzügigen, modernen Räumen des Pressesaals nur die Unterlagen, die die Kurie veröffentlicht sehen möchte. Heikle Themen werden oft nicht oder erst mit Verspätung behandelt. Nicht selten müssen sich die Zeitungen mit der dürren Stellungnahme zufriedengeben, eine bestimmte Meldung entspreche nicht der Wahrheit, ohne daß die richtige Version mitgeliefert würde. Immerhin ist die Kommunikation zwischen Korrespondenten und ›Sala Stampa‹ besser geworden, seit ein wendiger Journalist an die Spitze des päpstlichen Informationsbüros getreten ist.

Der Papst selbst hat durch seine Pilgerreisen in alle fünf Erdteile und durch seinen zwanglosen Umgang mit den ihn begleitenden Medienvertretern viel zu einer Versachlichung der Atmosphäre beigetragen. Aber ein wirklich offener Meinungsaustausch zwischen hohen Kirchenmännern und Journalisten findet in Rom erst dann statt, wenn eine internationale Bischofssynode oder ein anderes weltweites Treffen auf dem Programm steht. Deutsche, amerikanische, englische und französische Kardinäle, Bischöfe und Ordensleute sind durch Erfahrungen in ihren Heimatländern an einen offenen, von krankhaftem Mißtrauen freien Ton gewöhnt und empfinden Kritik nicht als persönliche Beleidigung. Hin und wieder kommt es in solchen Fällen zu Dissonanzen zwischen den angereisten Prälaten und den Kurienfunktionären, wenn Presse, Funk und Fernsehen von den Nicht-Italienern allzu frei informiert werden.

Eine Gruppe von etwa einem Dutzend italienischer Korrespondenten, die ›vaticanisti‹, beschäftigt sich ausschließlich mit theologischen Themen im Gegensatz zu ihren ausländischen Kollegen, die meist auch Berichte und Kommentare über die weltlichen Vorgänge in Italien schreiben. Die großen Zeitungen in Turin, Mailand, Rom und Neapel verfolgen Stellungnahmen des Papstes und Veröffentlichungen seiner Dikasterien auch dann noch in aller Ausführlichkeit, wenn andere Blätter aus Europa und Übersee ihr Interesse längst verloren haben. Wer allerdings versucht, die etwas eintönige Materie durch gewagte Zitate und Spekulationen bunter zu gestalten, muß mit einer strengen Reaktion des Apparats rechnen. Linksextreme Blätter stehen öfter auf der schwarzen Liste. Aber auch der ›vaticanista‹ einer liberalen römischen Zeitung sah sich vor einiger Zeit von einem Papstflug ausgeschlossen, für den er schon das Ticket in der Tasche hatte.

Die rein katholischen Zeitungen, so zahlreich sie sind, fallen meist nicht sehr ins Auge. Zwei Ausnahmen bilden die Massenillustrierte ›Famiglia Cristiana‹, die jeder nach dem Besuch der Messe aus seiner Kirche mitnehmen kann, und die verbreitete Tageszeitung ›L'Avvenire‹ (Zukunft). Deren Redakteure sind allerdings von allen nichtkatholischen Interviewpartnern wegen ihrer ideologischen Einseitigkeit gefürchtet. Darüber hinaus bringen 202 Verlagshäuser über 2800 Druckerzeugnisse auf den Markt, davon fast 550 periodisch erscheinende Schriften mit einer Gesamtauflage von rund 1,2 Millionen Exemplaren. Seit Mitte der siebziger Jahre, als das oberste italienische Gericht dem Staat das Funk- und Fernsehmonopol absprach, kommt die Stimme der Kirche auch über den Äther: Auf der ganzen Apenninhalbinsel senden 470 katholische Radiostationen und 54 katholische Fernsehanstalten. 360 Büchereien verkaufen ausschließlich geistliche Literatur, 70 Fachgeschäfte vertreiben sakrale Musik.

Der römische Lokalsender ›Telepace‹ (darin steckt das Wort ›pace‹, Frieden) hat eine besonders enge Bindung an den Vatikan. Mit der Kuppel der Peterskirche im Erkennungsbild, begleitet von geistlichen Gesängen, werden täglich zehn Stunden Information, Unterhaltung und geistliche Unterweisung angeboten. Chef von ›Telepace‹ ist ein Ordensmann, der seinen Zuschauern ›den Papst in jedem Haus‹ verspricht. Nicht mehr Afrika sei vordringlich Missionsland, hat Johannes Paul gesagt, sondern Europa und somit auch Italien. Jede Generalaudienz, jedes ›Angelus‹-Gebet am Sonntagmittag und jeder Auftritt des Papstes in der Ewigen Stadt flimmert live über den Bildschirm. Auf den Filmbericht von Auslandsreisen ihres Oberhauptes muß das fromme Publikum etwas länger warten. Den Rest des Tages füllen Dokumentarberichte über fremde Länder, ›saubere‹ Unterhaltungsbeiträge, Nachrichten, Rosenkranzbeten und geistliche Besinnung.

Eine Sonderrolle unter den katholischen Gazetten spielt der ›Osservatore Romano‹. Obwohl er als Sprachrohr des Papstes fungiert, trägt er nur den farblosen Untertitel ›Politische und religiöse Tageszeitung‹. Dabei zählt die verräterische Rubrik ›Nostre informazioni‹ (unsere Informationen) täglich alle Personen auf, die vom Pontifex in Audienz empfangen worden sind und erwähnt knapp alle päpstlichen Personalentscheidungen. Zunächst einmal berichtet der OR über alle Ereignisse im kleinsten Staat der Welt von der Vereidigung der Schweizergardisten auf dem St. Damasus-Hof bis hin zum Antrittsbesuch von Botschaftern beim Heiligen Stuhl. Doch widmet er sich auch dem Tagesgeschehen in aller Welt. Während des Zweiten Weltkriegs war der ›Osservatore‹ in vielen Ländern Europas als Gegeninformation zur nazistischen und faschistischen Propaganda sehr geschätzt. Natürlich erscheint die Zeitung in Italienisch, doch erweckt manch philosophischer, theologischer oder historischer Beitrag im Innern des Blattes den Eindruck, er sei in Latein geschrieben. In den letzten Jahren lockern Fotos die sechs grauen Spalten des OR ein wenig auf. Nur wenige Käufer erstehen die am Nachmittag erscheinende Zeitung allein in der Hoffnung, einige Informationen zu finden, die in den Morgenblättern noch nicht zu finden waren. Wöchentlich erscheint eine Ausgabe des ›Osservatore Romano‹ in Französisch, Englisch, Italienisch, Portugiesisch, Spanisch, Deutsch und Polnisch. Sieben spezialisierte Redaktionen leisten die Arbeit hierfür.

Das modernste Informationsorgan des Papstes aber ist ›Radio Vatikan‹. Schon 1929 beauftragte Pius XI. den italienischen Ingenieur Guglielmo Marconi, eine Radiostation aufzubauen. Mit einer lateinischen Rede weihte der Papst zwei Jahre später die Anlage ein, und noch eine Zeitlang ging es auf den vatikanischen Ätherwellen ohne herausragendes Konzept sehr traditionell zu. Das sollte sich bald ändern. Während des Krieges betrieb der Sender eine so zuverlässige Informationspolitik, daß Mussolini es für nötig hielt, die politischen Beiträge zu stören. Große humanitäre Verdienste erwarb sich ›Radio Vaticana‹ in der Zeit zwischen 1940 und 1946: In 12105 Sendestunden sind 1240728 Suchmeldungen für vermißte Soldaten aller Nationen ausgestrahlt worden. 1957 weihte Pius XII. nördlich von Rom ein modernes Sendezentrum ein und legte aus diesem Anlaß von seinem Sommersitz Castelgandolfo im Süden Roms mit 60 Kilometern die längste Reise seines Pontifikats zurück.

Heute sitzt die Verwaltung des von den Jesuiten geführten Senders im Palazzo Pio gleich am Tiber. 200 Redakteure und Journalisten aus

44 Ländern, sowie 150 Techniker sorgen rund um die Uhr für Aufnahme und Ausstrahlung der zahlreichen Beiträge in Kurzwelle, Mittelwelle und UKW. Wer es wünscht, kann seinen Tag um 7.30 Uhr mit der von Rom übertragenen Heiligen Messe beginnen. Die Liturgie folgt der lateinischen Tradition der Kirche, aber das Evangelium lesen die Sprecher – Tag für Tag abwechselnd – in 13 verschiedenen Sprachen. An Sonn- und Feiertagen wird der universale Charakter der Kirche noch deutlicher mit Messen in zahlreichen Sprachen von Litauisch bis Chinesisch. Den abendlichen Rosenkranz betet am ersten Samstag des Monats der Papst selbst.

Über die religiösen Themen hinaus überträgt Radio Vatikan auf Mittelwelle und UKW im Sendebereich Rom täglich 20 Stunden Nachrichten in vielen Sprachen. Ebenfalls auf die mittelitalienische Region Latium beschränkt bleibt eine täglich neunstündige Musiksendung, in der eine breite Tonskala zu hören ist, von Orgelkonzerten bis hin zu Volksmusik, Jazz und Rock. Für dieses Programm stehen dem Sender mehr als 15 000 Schallplatten, zum großen Teil Compact Disks, zur Verfügung. Der von dem amerikanischen Pater John St. George 1974 gegründete Sender ›Studio A‹ führte in Rom die Stereo-Musik ein. Zwischen den einzelnen Rubriken sind Meditationen und Lebensweisheiten als ›Spots‹ eingestreut. Jeden Tag treffen im Palazzo Pio Hunderte von Briefen und Postkarten ein mit bunten exotischen Freimarken. Über die Hörerwünsche zu einzelnen Sendungen hinaus geben die Briefe Radio Vatikan wichtige Hinweise auf Sendequalität und Hörergewohnheiten. Die treuesten Hörer wohnen in den ehemals kommunistischen Ländern Osteuropas.

Doch das alles ist der Kurie noch nicht genug. In einer ausführlichen Pastoralinstruktion hat sich der ›Päpstliche Rat für die Kommunikationsmittel‹ an die Bischöfe in aller Welt gewandt mit der Mahnung, die Medienarbeit nicht zu vernachlässigen. Schon der Papst hatte sich zu diesem Thema in einer ›Botschaft an die Welt‹ geäußert: ›Gottes gläubiges Volk sollte von den neuen Entdeckungen und Techniken zum Wohl der Menschheit und zur Erfüllung von Gottes Plan für die Welt schöpferischen Gebrauch machen … Wir wollen die Möglichkeiten des Computerzeitalters so gebrauchen, daß sie der menschlichen und transzendenten Berufung des Menschen dienen und damit den Vater ehren, von dem alle guten Dinge herkommen.‹

Während den Massenmedien, so wie sie in der Welt existieren, ›Profitdenken‹ und die Erzeugung ›künstlicher Konsumbedürfnisse‹ vorgeworfen wird, empfiehlt der Päpstliche Rat den Bischöfen, den aktuellen Herausforderungen mit eigener Informationsarbeit zu begegnen. Der knapp formulierte Text verrät die Handschrift eines US-amerikanischen Kurienbischofs und seiner Beratergruppe: ›Warum besteht die Kirche auf dem Recht der Menschen auf korrekte Information? Warum unterstreicht die Kirche ihr Recht, die authentische Wahrheit des Evangeliums zu verkünden? Warum legt die Kirche solches Gewicht auf die Verantwortung ihrer Hirten, die Wahrheit zu vermitteln und den Gläubigen heranzubilden, dasselbe zu tun? Der Grund dafür ist: das Gesamtverständnis dessen, was Kommunikation in der Kirche bedeutet, beruht auf der Erkenntnis, daß das Wort Gottes Ihn selbst mitteilt.‹ Wo rechtliche und politische Strukturen die Beherrschung der Massenmedien durch Eliten begünstigen, müsse die Kirche nachdrücklich auf der Respektierung des Rechts auf Kommunikation und insbesondere auf ihrem eigenen Zugangsrecht zu den Medien bestehen.

Dem Eingeständnis, die Kirche habe bisher ihre Aufgabe auf dem Gebiet der Kommunikationsmittel versäumt, läßt Rom die Aufforderung folgen, die großen Lücken bald zu schließen: Die Bischöfe sollten sich der Mitarbeit professioneller Medienleute versichern, das Wesen des eigenen Landes berücksichtigen und eine ›Strategie‹ für die Arbeit von morgen entwickeln. Ziel der Bemühungen, so meint der päpstliche Rat, solle es sein, in Zusammenarbeit mit ökumenischen Organisationen, mit den anderen Kirchen und religiösen Gruppen die gemeinsame Verwendung von Satelliten, Datenbanken, Kabelnetzen und Mitteln der Informatik zu erreichen. In den sozialen Kommunikationsmitteln erblickt die Kirche ›Geschenke Gottes, weil sie nach dem Ratschluß der göttlichen Vorsehung die Menschen brüderlich verbinden, damit diese im Heilswerk Gottes mitwirken‹.

Vom Gebet zum Geschäft

Das Rom der Päpste zieht Jahr für Jahr fünf Millionen Gäste an. Sind es Touristen, sind es Pilger? Die Frage ist nicht immer leicht zu beantworten. Mancher Pilger fühlt sich, nach dem obligaten Besuch der Peterskirche und dem ›Angelus‹-Gebet am Sonntagmittag, in den Strudel des römischen ›Sightseeing‹ hineingezogen. Anderen Besuchern kommt nach einigen Stadtrundfahrten und Besichtigungen die Erkenntnis, daß ›Roma aeterna‹ nicht nur ferne imperiale Vergangenheit bedeutet, sondern auch greifbare Nähe der katholischen Weltkirche. Die Wege durch die Stadt kreuzen sich auf vielfältige Weise: Jeder Pilger ist auch ein wenig Tourist, fast jeder Tourist folgt zumindest für kurze Zeit den Spuren der Pilger. Die Ewige Stadt von Grund auf kennenzulernen, ist ein übermenschliches Vorhaben. Kenner Roms, die schon jahrzehntelang am Tiber wohnen, geben resigniert zu, daß ein ganzes Leben nicht ausreicht, um alle weltlichen und geistlichen Kostbarkeiten der 2750 Jahre alten Metropole zu entdekken.

Zum Glück haben die meisten Gäste nicht solch ehrgeizigen Pläne. Polnische Besucher der jeden Mittwochmorgen stattfindenden Generalaudienz auf dem Petersplatz stimmen meist fromme Marienlieder an, ehe das ›Papamobil‹ die Menge zerteilt und der Pontifex sich den Menschen zuwendet. Deutsche Gruppen lassen mitunter forsche Blechmusik ertönen, sei es, daß ein bayerischer Trachtenverein über die Alpen gekommen ist, sei es, daß eine Abordnung der Roten Funken aus Köln die letzten Karnevalsschlager zum besten gibt. Die Sitten sind nicht mehr so streng wie zu Zeiten Pius XII. Spanier und Südamerikaner unternehmen bei jeder Audienz den Versuch, die Konkurrenz italienischer Pilger um einige Jubel-Phon zu überschreien, wenn ihre Gruppe am Ende der Audienz namentlich erwähnt wird. Das alles gleicht einer fröhlichen Sportveranstaltung oder einem ausgelassenen Schauspiel mit vielen zehntausend Komparsen. Alle mitgebrachten Devotionalien – das versichert ein unsichtbarer Monsignore den Pilgern vor jedem Mittwochstreffen über Lautsprecher – haben den gleichen Wert, als seien sie einzeln vom Papst gesegnet worden.

Offensichtlich ist es problemloser, den Segen des Papstes über den ganzen Petersplatz auszustreuen als die vielen Colabüchsen und Plastiktüten für Knabbergebäck einzusammeln, die nach der Massenversammlung das Pflaster bedecken. Die städtische Müllabfuhr kann diese Arbeit am Mittwochmittag nicht mehr mit Besen und Schaufel bewältigen. Mächtige Allesfresser, die wie Staubsauger jeden Gegenstand in sich hineinziehen, haben ein paar Stunden zu tun, ehe sich die größte Piazza Roms wieder präsentabel zeigt.

Pilger oder Touristen, der Vatikan empfängt sie alle, die sich dem legendenumwobenen Grab des Petrus nähern. Allerdings bestehen die verantwortlichen Prälaten darauf, daß die Würde des heiligen Ortes gewahrt bleibt. In den Petersdom darf niemand eintreten, der nur mit Sommerhemd und Shorts bekleidet ist. Auch ein weibliches Dekolleté und nackte Arme finden bei den ›Sampietrini‹, den Aufsehern vor St. Peter, keine Gnade. Zum Ausgleich dafür gibt das Pilgerbüro im Schatten der gewaltigen Kirche Auskunft in mehr als einem Dutzend Sprachen über Veranstaltungen und Konzerte. Ja, die Diener des Papstes empfehlen zum Ärger vieler Reiseunternehmen, die viel lieber ihre Omnibusse vermieten würden, interessante Fußwege durch die Ewige Stadt. Kostenlos verrät der diensttuende Geistliche in beinahe fehlerfreiem Deutsch seine Weisheit, die besonders den allzu bequemen Fremden gewidmet ist: ›Besuchen hängt mit Suchen zusammen. Wer seinen Aufenthalt in Rom genießen will, muß selbst etwas tun.‹

Wo viele Menschen zusammenkommen, bleibt natürlich auch Geld hängen. Ambulante Händler bieten billige Medaillen an und schlechte Diapositive. Andere verteilen die Adresse nahegelegener Touristengaststätten. Andenkenläden empfehlen, ohne Scherz, ›Rosenkränze, Farbfilme, päpstlichen Segen‹. Gemeint sind vorgedruckte Papiere, in die der Käufer nur noch seinen Namen eintragen muß. Den Segen dazu spendet der Papst gratis. Leider ist die Pietà des Michelangelo Buonarroti, die erschütternde Skulptur einer jugendlichen Maria, die ihren toten Sohn in den Armen hält, nur hinter Glas zu sehen. Seit ein Geistesgestörter vor Jahren die Figur der Madonna mit Hammerschlägen schwer beschädigte, müssen Kunstfreunde aus aller Welt einen Sicherheitsabstand zu dem Meisterwerk einhalten. Als Trost können die Pilger für ein paar blaue Geldscheine ihre eigene ›Pietà‹ und viele andere Kunstgegenstände mit nach Hause mitnehmen – allerdings nur als Gipsfigur. Der absolute Renner unter den Rom-

Souvenirs ist ein Poster, das Papst Johannes Paul II., kraftvoll wie Batman, über der Peterskirche schwebend zeigt.

Zwar führen alle Wege nach Rom, doch zieht es viele Pilger auch zu anderen Stätten, die an das Wirken der Heiligen erinnern. Von den zahlreichen Wallfahrtsorten der katholischen Welt liegt ein großer Teil auf italienischem Boden. 4,2 Millionen Besucher pro Jahr kommen nach Loreto (Provinz Ancona) an die Adria-Küste. Mehr Pilger zählt man nur noch im französischen Lourdes und, seit der Wahl Karol Wojtylas zum Papst, im polnischen Tschenstochau, der Heimat der ›schwarzen Madonna‹.

Nach der Legende trugen Engel im Jahre 1294 das ›Heilige Haus‹ von Nazareth im Fluge nach Loreto, als die Türken Palästina eroberten. Hier soll Jesus zusammen mit Josef und Maria seine Kindheit verbracht haben. Seitdem bestaunen fromme Menschen die vier von Kerzenschmauch und Weihrauch geschwärzten Wände. Das Wunder des ›Heiligen Hauses‹ hatte, wie zu erwarten war, einen wirtschaftlichen Nebeneffekt: Hunderte von Geschäften drängen sich heute in dem nur 9000 Seelen zählenden Städtchen und geben dem größten Teil der Bevölkerung einen sicheren Lebensunterhalt. Zum Verkauf angeboten werden Abbildungen des Hauses, dem vor wenigen Jahren sogar der Papst seinen Besuch abstattete, Kerzen mit aufgeprägten frommen Ornamenten und Votivfiguren aus Zinn. Vor allem aber sorgen Snack-Bars, Verkaufsstände und Restaurants für das leibliche Wohl der Gäste. Die Hotels und Herbergen können fast ebenso viele Gäste aufnehmen wie Loreto Einwohner hat.

Die Grabkirche des Antonius in Padua, wo heute noch die Zunge und der Unterkiefer des wortgewaltigen Heiligen als Reliquien verehrt werden, steht dem fliegenden Haus an Beliebtheit nichts nach. In der Bevölkerung hat ›Il Santo‹, wie ihn die Gläubigen schlicht nennen, wie schon erwähnt, den Ruf, bei der Suche verlorener Gegenstände Wunder zu wirken. Jüngst mußte der fromme Mann, der einst den Fischen des Meeres predigte, weil die Menschen ihm nicht zuhören wollten, allerdings sich selber helfen: Diebe hatten Antonios Kinnlade mit Waffengewalt geraubt und entführt. Erst Wochen später brachte ein anonymer Telefonanruf Zähne und Kiefer wieder ans Licht, kurz ehe sie im Auftrag eines Bandenchefs endgültig nach Südamerika gebracht werden konnten. Seit der glorreichen Rückkehr des

Santuario della Santa Casa in Loreto

Wohl die seltsamste Heiligengeschichte führt zu einem der am meisten besuchten Wallfahrtsorte Italiens, zum ›Heiligen Haus‹ von Loreto in der Hügellandschaft der Marche. Die Überlieferung berichtet von einem Wunder in Etappen: Zu Nazareth stand unversehrt das kleine Haus, in dem Maria geboren war und wo sie mit Josef und Jesus gelebt hatte. Als die Moslems das Land eroberten, kamen Engel vom Himmel und trugen es am 10. Mai 1291 über das Mittelmeer in die Nähe von Rijeka. Schon dreieinhalb Jahre später verschwand das Haus und erschien bei Recanati. Da jene Gegend von Räubern heimgesucht war, trugen die Engel die ›Santa Casa‹ ins nahe Loreto. Benedikt XV. erklärte die Madonna von Loreto zur Schutzpatronin der Flieger. Heute steckt das Heilige Haus in einem von Bramante entworfenen Marmorgehäuse und ist umbaut von einer prunkvollen Kirche. Analysen haben ergeben, daß Mörtel und Steine denen der alten Häuser von Nazareth entsprechen. Jährlich bitten viele tausend Kranke die Madonna von Loreto um Heilung.

Basilika S. Antonio in Padua

Zu Lebzeiten wirkte der in Portugal geborene Antonius (1188–1231) in Marokko, im Süden Italiens und in Assisi. Nach Padua kam er erst kurz vor seinem Tod, wo ihm 1424 die eindrucksvolle Wallfahrtskirche mit fünf halbkugelförmigen Kuppeln und einer sechsten in konischer Form erbaut wird. Gotisch und romanisch zugleich bildet sie eine unnachahmliche byzantisch-venezianische Synthese. Die Legende lobt die Rhetorik des ›Heiligen‹, wie er in Padua schlicht genannt wird. Er schlägt auch Menschen in seinen Bann, deren Sprache er nicht beherrscht. Als ihm einmal die Einwohner von Rimini nicht zuhören wollten, predigte er am Meeresufer, wo bald die Fische zu Tausenden ihren Kopf aus dem Wasser hoben. Als seine sterblichen Überreste 34 Jahre nach seinem Tod noch einmal ans Licht geholt werden, ist die Zunge durch ein Wunder unverwest. Heute rufen die Gläubigen den in ganz Italien beliebten Heiligen vor allem dann um Hilfe an, wenn sie einen für sie unentbehrlichen Gegenstand verlegt oder verloren haben.

Heiligen in seine heimatliche Basilika scheint der Strom der Pilger nach Padua weiter anzuschwellen.

Ein anderer Magnet für fromme Besucher ist die ›Certosa‹ nahe dem toskanischen Camaldoli, einem beliebten Wallfahrerziel, dessen Besucherzahl sogar Assisi in den Schatten stellt. Zu den großen Anziehungspunkten zählt auch die Kartause von Pavia, nach der ›Grande Chartreuse‹ bei Grenoble das berühmteste Kloster des Kartäuserordens. Einziges süditalienisches Pilgerziel von internationaler Bedeutung ist das Heiligtum der Madonna von Pompeji. Jahrhundertelang trugen die Anwohner des Vesuvs die Marienstatue in Prozession aus ihrem Heiligtum, wenn der Vulkan wieder einmal auszubrechen drohte. Ungezählt sind die Kirchen, die Baptisterien, Katakomben und Kunstwerke mit religiösen Motiven, die jährlich von vielen Millionen Fremden besichtigt werden. Doch seit Diebe sich auf sakrale Kunst spezialisiert haben, sind viele Gotteshäuser nur kurz am Tag geöffnet.

Schon seit der frühen Zeit hatte die Kirche keine Bedenken, Gebet und Geschäft nebeneinander leben zu lassen, solange die Händler sich nicht vor dem Altar breitmachten. Venedig erinnert sich der Tatsache, daß es Kaufleute waren, die im 9. Jahrhundert die Gebeine des Evangelisten Markus in ihre Stadt brachten. Auch die Tempelherren, die ausgezogen waren, um die Pilger auf dem Weg ins Heilige Land zu begleiten, vergaßen im Laufe der Jahre ihr Gelübde, nicht nur in Gehorsam und Keuschheit, sondern auch in Armut zu leben. Nach vielen Jahren des Kampfes gegen die ›Ungläubigen‹ sammelten sie, besonders in Frankreich, Reichtümer an und wurden Bankiers der Könige. Doch führten Reichtum und politischer Einfluß sie ins Verderben. Die Herrscher Europas zwangen Papst Klemens V. Anfang des 14. Jahrhunderts, die Templer zu verbieten und ihren Orden aufzulösen. Das Vermögen der Ritter fiel dem Staat zu, und viele von ihnen wurden wegen angeblich ketzerischer Geheimlehren verbrannt.

Zwei extreme Plätze

Zu den zahlreichen deutschen Dichtern und Schriftstellern, die sich liebevoll der Ewigen Stadt zuwandten, zählt auch der zur katholischen Konfession übergetretene Balte Werner Bergengruen. In seinem ›Römischen Erinnerungsbuch‹ (1950) schildert er die über Jahrtausende hinweg von Lebenskraft erfüllte Metropole, indem er ihre antike und ihre christliche Vergangenheit wiedererweckt, zwischen den Ruinen und Prunkbauten aber auch die Menschen seiner Zeit sich tummeln läßt. ›Voll Ehrfurcht und Beglückung‹ berichtet Bergengruen vom Wirken der Kaiser, der Künstler und der Päpste und knüpft das alles durch kunstvoll erzählte Anekdoten zusammen. Als tiefen Gegensatz empfindet er zwei der wichtigsten Ziele vieler Pilgerreisen, wie in den folgenden Zeilen zu lesen ist:

›Unter den römischen Plätzen sind die beiden Extreme, zwischen denen man nach Gefallen die übrigen einordnen mag, der Petersplatz und der Lateransplatz oder die Lateransplätze, denn es sind ihrer drei, die ineinander übergehen. Der Petersplatz ist eine Schöpfung großen, planenden Willens, der Lateransplatz einer dem unberechenbaren Dasein untertanen Entwicklung. Der Lateransplatz ist unsymmetrisch, von Leben erfüllt, vom Leben abgewetzt. Seine Anlagen zeugen von geringer Achtsamkeit, aber man kann ja auch Räumlichkeiten, die unausgesetzt vom Volke benutzt werden, nicht in feiertäglichem Zustande erhalten. Über den Lateransplatz schnaubt und klingelt in allen Richtungen der Durchgangsverkehr, St. Peter hat nur ein einziges Ziel: sich selbst. Auf dem Lateransplatz wimmelt das Gedränge, oft ist kaum durchzukommen zwischen Trambahnen, Wagen, Kindern, Ausrufern, Obst- und Goldfischhändlern, und wie blitzen die Fische und gläsernen Wasserbehälter in der Sonne! Der Petersplatz ist riesig, feierlich, leer auch unter Menschenansammlungen, das Gewöhnliche wagt sich nicht her, der Lärm geht verloren. Der

Lateransplatz hat Bäume, bei St. Peter gibt es nichts Grünes, alle Natur ist streng dem Geist unterworfen. In majestätischer Nacktheit regiert der Stein, als hätte auch hierin eine Entsprechung zum Felsennamen des Apostelfürsten gesucht werden sollen, und das zum Himmel steigende weiße Wasser der beiden Brunnen ist das einzige Zeugnis, das hier von lebender Natur abgelegt wird.‹

Aus: ›Römisches Erinnerungsbuch‹ von Werner Bergengruen, im Verlag der Arche Zürich, 1966.

Für die Kirche von morgen

Viele Elemente fügen sich zum Porträt der Kirche in Italien zusammen: Eine stürmische Entwicklung ist über das Land hinweggezogen. Die alte Kirche gibt es nicht mehr, in der der Pfarrer seinen Schäfchen den rechten Weg vorzeichnete, den sie zu gehen hatten. Und nicht mehr der Papst begleitet aufmerksam die Politik des ›bel paese‹, des schönen Landes Italien, sondern die Bischofskonferenz, die sich um so entschlossener in die Geschäfte der Republik einmischt. Die Internationalisierung der Kurie, ja sogar des Petrusamtes seit dem Zweiten Vatikanischen Konzil bringen es mit sich, daß die römische Kirche nicht nur an die Menschen südlich der Alpen denkt, wenn sie Entscheidungen für die ganze Welt fällt. Italien ist deshalb auf dem Wege, ein katholisches Land zu werden wie andere auch, wie Frankreich und Irland, wie Spanien und Polen, ein Land, das seinen eigenen Gesetzen folgt.

Dadurch aber gewinnt Italien ein Gesicht, dessen Ausdruck nicht mehr von einem ultramontanen Make-up entstellt ist. Die Kirche kann sich über diese Entwicklung nur freuen. Heute wirken traditionelle und neu motivierte christliche Kräfte in der Gesellschaft zusammen, um gemeinsamen Problemen zu begegnen, die der Staat schon so lange vernachlässigt hat. Wir sprachen schon vom Einsatz der Freiwilligen für das Heer der Einwanderer aus der Dritten Welt, vom Kampf gegen den Drogenmißbrauch, von den Anstrengungen, die Not der Alten und der jugendlichen Randexistenzen zu lindern. Zwar haben die meist mit der politischen Linken sympathisierenden Basisgruppen der siebziger Jahre ihren Schwung verloren. Die Taktik der Amtskirche, nur in wenigen Fällen mit Verboten gegen aufmüpfige Gemeinschaften einzuschreiten, sich im übrigen aber an ihnen uninteressiert zu zeigen, hat die Basis-Christen ins Leere laufen lassen. Doch andere Laienkräfte, die im selbstgewählten Bereich große Aktivitäten entwickeln, mit ihrer Kritik an der Hierarchie aber zurückhaltender sind, gewannen in der Kirche Italiens mehr Bedeutung.

Auch die italienischen Bischöfe änderten ihr Verhalten auf der politischen Bühne. Paktierten sie früher gern mit den Einflußreichen in ihren Diözesen oder waren zumindest darauf bedacht, mit ihnen keinen Konflikt zu riskieren, so zeigen sie heute mehr Mannesmut im Umgang mit der Macht. Der Kardinalvikar von Rom, Vertreter des Papstes in dessen Eigenschaft als Bischof der Ewigen Stadt, kritisierte wiederholt die Stadtverwaltung auf dem Kapitol, und das auch zu einer Zeit, als die ›Democrazia Cristiana‹ dort das Sagen hatte. Er scheute sich nicht, Korruption, Vetternwirtschaft und verbreitete Unfähigkeit im Amt scharf zu verurteilen. Ebenso eindeutig tadelt der ›Osservatore Romano‹, das Sprachrohr des Papstes, die Verantwortlichen, wenn Skandale und Fehlleistungen des Staates wieder einmal für Aufsehen sorgen. Der Erzbischof von Neapel prangert unerschrocken die Machenschaften der Camorra an, und sein Amtsbruder von Palermo bildet in vielen Protestzügen durch die Stadt zusammen mit anderen Bürgern die Speerspitze im Kampf gegen die Mafia. Gemeinsam mit dem Papst setzen die Bischöfe sich für die Menschenrechte ein und gegen die Unterdrückung sozial Schwächerer in Italien und in aller Welt.

Als der sizilianische Industrielle Libero Grassi von den Killern der ›Ehrenwerten Gesellschaft‹ niedergestreckt wurde, weil er sich weigerte, für seinen Betrieb das erpresserische ›Schutzgeld‹ zu zahlen, da war die Reaktion in der Öffentlichkeit so stark wie selten. Der progressive Priester Giovanni Franzoni – ehe er beim Papst in Ungnade fiel, war er Abt des römischen Benediktiner-Klosters von Sankt Paul vor den Mauern – veröffentlichte aus diesem Anlaß in der kritischökumenischen Monatszeitschrift ›confronti‹ eine Botschaft an alle Bürger: ›Libero Grassi ist nicht der erste, der unter dem Blei der Mafia fällt, nur weil er seine Pflicht getan hat: Richter, Carabinieri, Politiker und Journalisten sind vor ihm in Ausübung ihres Berufs gestorben. Aber das Neue hier ist, daß da einer die Grenze der Pflichterfüllung für sich selbst weiter vorgeschoben hat. Wir sind nicht alle Richter, Journalisten oder Politiker, wir befassen uns also nicht damit, der Mafia aus beruflichen Gründen entgegenzutreten. Aber alle sind wir Bürger dieser Gesellschaft, und uns allen kann es geschehen, erpreßt zu werden. Es beunruhigt uns vielleicht, daß Libero Grassi uns ins Risiko hineinzieht ... Aber das Bürgergewissen dieses Mannes und seine Bereitschaft, ohne ein Held sein zu wollen, seine gefährliche Pflicht zu tun, machen ihn zum Vorbild für alle Gläubigen.‹

In den wenigen Jahren vor dem Ende des zweiten Jahrtausends sieht sich Italien einer Fülle von schwer lösbaren Problemen gegenüber, die die uneingeschränkte Aufnahme des Landes in die Europäische Gemeinschaft erschweren. Wer soll die Kraft aufbringen, den Einzel- und Gruppenegoismus zu überwinden, der die Wurzel vieler Übel ist: öffentliche Verschuldung, Inflation, Verseuchung der Umwelt und organisiertes Verbrechen? Nicht der mahnend erhobene Zeigefinger einzelner Prälaten, sondern die Rückbesinnung der Menschen auf urchristliche Tugenden könnte zumindest den Anstoß geben zu einer Neuorientierung, die eine Tendenzwende in der krisengeschüttelten Gesellschaft zur Folge hätte. Je stärker die Notwendigkeit zur Erneuerung drückt, um so wahrscheinlicher ist es, daß sie zustandekommt, wenn anfangs auch nur zögernd und bruchstückhaft.

Ebenso läßt die Reaktion der Kurie auf das Weltgeschehen noch eine klare Linie vermissen. Sie folgt eher einem Zickzackkurs. In der Diskussion um die südamerikanische ›Theologie der Befreiung‹ zögerten Papst und Kirchenleitung, sich auf die Seite der Unterdrückten zu stellen. Ja, sie demütigten sogar jene Priester, die sich für eine radikale Reform ungerechter Wirtschafts- und Rechtsstrukturen engagiert hatten und das entmündigte Volk gegen die regierenden Cliquen verteidigten.

In seinen Sozialenzykliken hingegen bezog der Papst eindeutig Stellung für das arbeitende Volk und gegen das Kapital, wenn es sich nicht verpflichtet, zur Überwindung von Not und Ungerechtigkeit innerhalb der eigenen Gesellschaft beizutragen. Auch durch sein bedingungsloses Eintreten für Menschenrechte und Frieden – während des Wüstenkriegs gegen den Irak stand es in klarem Gegensatz zu den Finanz- und Machtinteressen der Vereinigten Staaten – hat der Pontifex einen wertvollen Beitrag zur umfassenden Diskussion um eine neue Weltordnung geleistet, die nach dem Zusammenbruch des Sowjetsystems angelaufen ist. Solche Ansätze sind ermutigend, nicht nur für die noch immer voneinander getrennten Christen, sondern auch für die vielen Andersgläubigen, die den Bischof von Rom als moralische Autorität anerkennen. Auf der Basis, die Johannes Paul II. gelegt hat, können seine Amtsnachfolger die Konstruktion einer Kirche vollenden, die mehr als bisher ihrem eigentlichen Auftrag folgt.

Wie Rom den Abraham bekehrte

Giovanni Boccaccio (1313–1375), einer der am meisten gelesenen Erzähler italienischer Sprache, ist vor allem durch seine hundert sinnenfrohen Novellen bekannt, die im ›Decamerone‹ zusammengefaßt sind. In den meisten Beiträgen dieser Sammlung gelangen zwei Liebende durch List, Ausdauer oder ein gütiges Geschick ans Ziel ihrer Wünsche, wobei immer Sitte und feine Manieren gewahrt bleiben, weniger hingegen die durch das Sakrament der Ehe gesetzten Grenzen. Priester, Mönche und Nonnen genießen offenbar nicht die Zuneigung des Dichters. Sie sind oft die Gefoppten in seinen Erzählungen. Zumindest werden sie als scheinheilig oder heuchlerisch entlarvt: Ein Mönch vergnügt sich mit einem Mädchen in der Zelle und entgeht einer Strafe nur dadurch, daß er den Abt wegen desselben Vergehens überführen kann. – Eine Dame ist in einen jungen Mann verliebt und veranlaßt ihren Beichtvater, die Beziehung gegen seinen Willen zustandezubrin-

gen. – Ein Klosterbruder besucht des Nachts die Frau eines Frömmlers, den er durch Bußübungen in seiner Kammer festhält. –

Die ganze Fülle seines Spotts ergießt Boccaccio aber über die Kirche, als er die Geschichte des reichen Pariser Juden Abraham erzählt. Vergebens versucht der brave Kaufmann Jeannot von Sevigné, Abraham zum ›wahren Glauben‹ zu bekehren. Immerhin gelingt es ihm, ihn zu einer Romreise zu überreden. Hier erfährt der Jude, daß Papst, Kardinäle und Prälaten alles andere als Heilige sind. Nach seinen Beobachtungen machen sie sich allesamt der Wollust schuldig, der Völlerei und des Ämterhandels. Später in Paris will Jeannot wissen, was Abraham denn vom Heiligen Vater und seinem Hof halte.

›Nichts Gutes denke ich von ihnen‹, berichtet der, ›und nichts Gutes haben sie von Gott zu erhoffen. Und ich sage dir, ich müßte mich sehr getäuscht haben, aber ich habe dort an keinem Geistlichen eine Spur von Frömmigkeit, Andacht, guten Werken, musterhaftem Wandel oder dergleichen mehr bemerkt ... Da ich nun aber sehe, daß eure Religion sich täglich weiter ausbreitet, glänzender und herrlicher erscheint, so muß ich wohl zu erkennen glauben, daß der Heilige Geist sie als heilig und wahrhaftig vor allen andern stützt und aufrecht erhält. Aus diesem Grunde sage ich dir jetzt klar und offen: So wenig ich früher deinen Aufforderungen, Christ zu werden, Gehör schenkte, so wenig kann mich jetzt etwas auf der Welt von meinem Vorsatz abhalten, den christlichen Glauben anzunehmen. Laß uns also schnell in die Kirche gehen und mach, daß ich dort nach dem Gebrauche eures heiligen Glaubens die Taufe empfange.‹

Aus: Giovanni Boccaccio ›Das Dekameron‹, Winkler-Verlag München, 1952.

Daten

Zeittafel

61–63	Paulus, der Heidenapostel, in Rom gefangengehalten.
64–67	Petrus stirbt am Kreuz den Märtyrertod. Sein Grab wird schon um das Jahr 200 bezeugt. Paulus durch das Schwert hingerichtet.
Bis 200	Durch den Druck der Christenverfolgungen erste Ausbildung der christlichen Kirche.
313	Das Toleranzedikt des Kaisers Konstantin setzt den Christenverfolgungen ein Ende.
380	Das Christentum wird zur Staatsreligion.
Um 400	Die Lehre des Heiligen Augustinus legt die Basis der christlichen Theologie.
410	Papst Leo I. bewegt Attila zum Rückzug.
Bis 542	Der Heilige Benedikt legt die Regeln für das abendländische Mönchstum fest.
Um 600	Papst Gregor I. wird durch Schenkungen zum größten Grundbesitzer Italiens.
800	Papst Leo III. krönt Karl den Großen zum ersten christlichen Kaiser des Abendlandes.
1054	Das Christentum erlebt seine erste Spaltung in eine abendländische und eine morgenländische Kirche.
1077	Papst Gregor VII. beansprucht die Vorherrschaft über alle Fürsten und zwingt König Heinrich IV. zum Gang nach Canossa.
Um 1215	Hl. Franz von Assisi gründet seine Bruderschaften.
Bis 1221	Hl. Dominikus wird Erneuerer des kirchlichen Lebens.
1517	Martin Luther schlägt in Wittenberg die 95 Thesen an die Schloßkirche. Damit beginnt die Reformation.
Bis 1534	Ignatius von Loyola gründet Jesuitenorden.
1563	Das Tridentinische Konzil verhärtet die Glaubensgegen-

sätze: Neben der Heiligen Schrift wird die Tradition als Hauptquelle des Glaubens anerkannt.

Bis 1878	Papst Pius IX. verfolgt eine antiliberale Politik. Verkündigung der Unbefleckten Empfängnis Mariens. Später Unfehlbarkeitsdogma. Der alte Kirchenstaat bricht unter dem Ansturm der piemontesischen Truppen zusammen.
1929	Papst Pius XI. unterzeichnet mit dem faschistischen Regierungschef Benito Mussolini das Konkordat und die Lateranverträge.
Bis 1963	Papst Johannes XXIII. beruft das Zweite Vatikanische Konzil ein. Ökumenische Bemühungen, weitgehende Liturgik- und Kirchenreform. Das ›Volk Gottes‹ erhält innerhalb der katholischen Kirche eine tragende Rolle.
Ab 1978	Papst Johannes Paul II. erster ausländischer Papst seit über 450 Jahren. Neben restriktiver Kirchenpolitik und enger Sexualethik offene Soziallehre. Einsatz für die Menschenrechte. Reisen in alle fünf Erdteile.

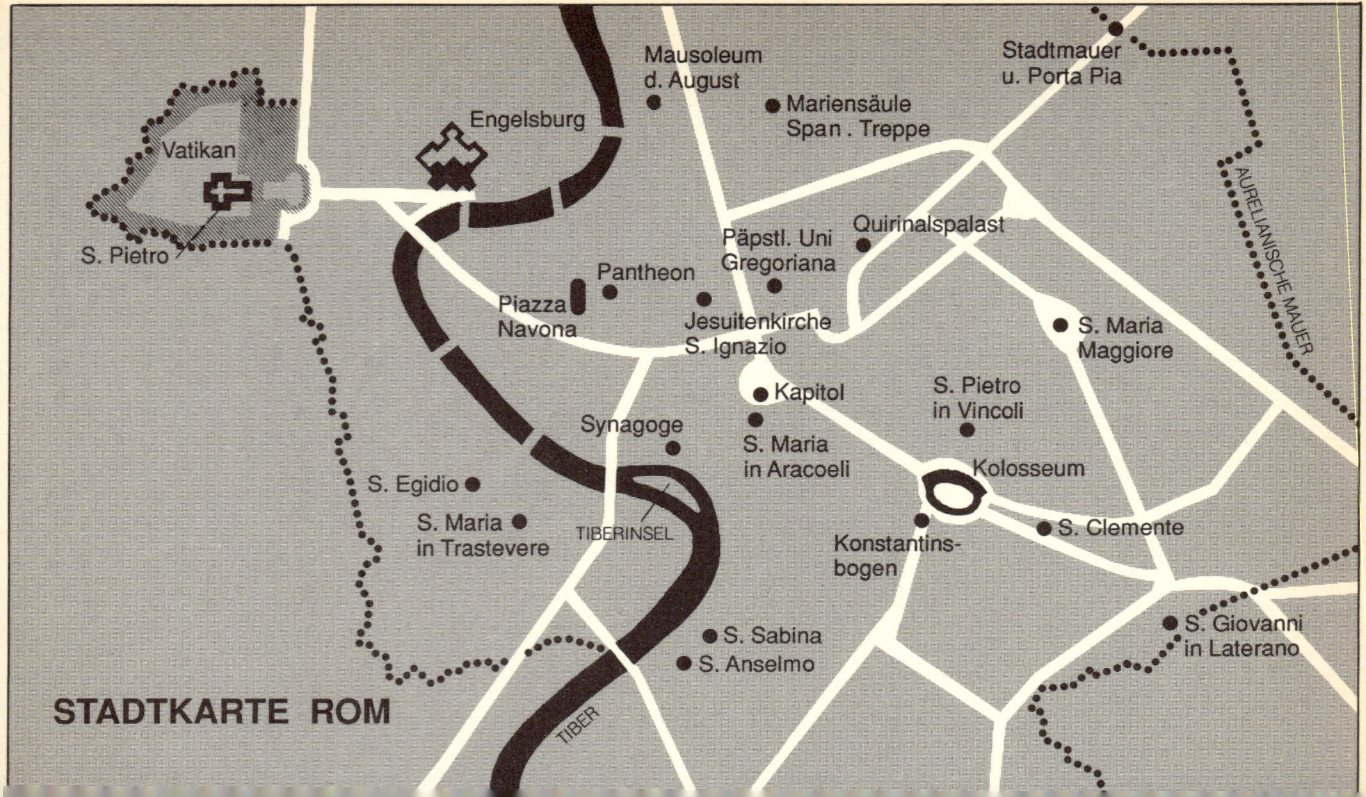
STADTKARTE ROM
Vatikan
S. Pietro
Engelsburg
Mausoleum
d. August
Mariensäule
Span . Treppe
Stadtmauer
u. Porta Pia
AURELIANISCHE MAUER
Quirinalspalast
Päpstl. Uni
Gregoriana
Pantheon
Piazza
Navona
Jesuitenkirche
S. Ignazio
S. Maria
Maggiore
Kapitol
S. Pietro
in Vincoli
Synagoge
S. Maria
in Aracoeli
Kolosseum
S. Egidio
S. Maria
in Trastevere
TIBERINSEL
Konstantins-
bogen
S. Clemente
S. Giovanni
in Laterano
S. Sabina
S. Anselmo
TIBER

Religiöse Feste und Volksbräuche

1. Januar, Neujahrstag. Papstbotschaft zum Weltfriedenstag.

6. Januar, Epiphania. Nach Volksprotest als Festtag wiedereingeführt. Vor allem in Rom: Gute Fee ›Befana‹ kommt durch den Kamin in die Häuser und beschenkt Kinder mit Süßigkeiten.

Gründonnerstag. Der Papst nimmt zeremonielle Fußwaschungen vor in der Patriarchalkirche S. Giovanni in Laterano.

Karfreitag. Abendliches Gedenken an das Leiden und den Tod Christi mit dem Papst an der ›Via crucis‹ vor dem Kolosseum.

Ostern. Festliche Papstmesse auf dem dicht besetzten Petersplatz mit anschließendem Segen ›Urbi et Orbi‹ in über 50 Sprachen.

1. Mai. Für die kath. Kirche Fest ›San Giuseppe lavoratore‹.

6. Mai. Traditionelle Vereidigung neuer Rekruten der Schweizergarde auf dem St. Damasus-Hof im Vatikan.

Himmelfahrt. Kirchliche Erwähnung, aber kein staatlicher Feiertag.

Pfingsten. Weniger beachtet als in Mitteleuropa. Seit einigen Jahren betet der Papst an diesem Tag für die Erhaltung der Schöpfung.

Fronleichnam, (Do. nach Dreifaltigkeitssonntag). Papstmesse mit anschließender Prozession von S. Giovanni nach S. Maria Maggiore. Volkstümliche Feiern in Bolsena am gleichnamigen mittelitalienischen See in Erinnerung an das ›Blutwunder‹ von 1263.

29. Juni. Die Kirche feiert das Fest ihrer Gründer Peter und Paul.

15. August. Durch Kaiser Augustus eingesetzes Fest und heute noch Staatsfeiertag ›Ferragosto‹. Die Kirche feiert Mariä Himmelfahrt.

1. November, Allerheiligen. Papstmesse auf römischem Zentralfriedhof.

2. November, Allerseelen. Die Familien besuchen die Gräber ihrer Angehörigen. Im Süden bringen die Toten den Kindern kleine Geschenke.

8. Dezember, Mariä Empfängnis. Der Papst trifft sich am Fuße der Spanischen Treppe mit den offiziellen Vertretern von Staat und Stadt und betet vor der Mariensäule mit der römischen Bevölkerung.

25. Dezember, Weihnachten. Mitternachtsmette im Petersdom und in fast allen Kirchen des Landes. Am Mittag liest der Papst auf der Mittelloggia der Kathedrale seine Botschaft und erteilt den Segen ›Urbi et Orbi‹.

Jeden Mittwoch. Papstaudienz auf dem Petersplatz. Bei schlechtem Wetter in der Peterskirche oder der von Nervi erbauten Audienzhalle.

Jeden Sonntagmittag. ›Angelus‹-Gebet des Papstes vom Fenster seiner Bibliothek mit kurzen Anmerkungen zu aktuellen Weltereignissen.

Literaturtips

ITALIEN

Giuliano Procacci: Geschichte Italiens und der Italiener. Aus dem Italienischen von Friederike Hausmann, C. H. Beck'sche Verlagsbuchhandlung, München 1989, 419 Seiten.

Emanuele Greco, Adelia Pelosi, Angela Pontrandolfo und Gabriella Prisco: Italien – Archäologischer Führer. Aus dem Italienischen übersetzt von Gabriela Füsslin, Margareta Staub-Gierow und Ursula Wallbrecher, Verlag Herder, Freiburg/Br. 1991, 384 Seiten.

Italien-Ploetz. Italienische Geschichte zum Nachschlagen, Ploetz Verlag, Freiburg/Br. 1986, 224 Seiten.

Reclams Kunstführer Italien, 6 Bde., Philipp Reclam Verlag, Ditzingen.

Reinhold Schumann: Geschichte Italiens, Kohlhammer Verlag, Stuttgart 1983, 296 Seiten.

Rom

Wolfgang Oberländer: Ich muß nach Rom. Ein Pilgerführer durch das christliche Rom, Verlag Ludwig Auer, Donauwörth 1990, 128 Seiten.

Horst Fuhrmann: Von Petrus zu Johannes Paul II. Das Papsttum: Gestalt und Gestalten, C. H. Beck'sche Verlagsbuchhandlung, München 1984, 256 Seiten.

Reclams Kunstführer Italien, Band 5: Rom und Latium, Philipp Reclam Verlag, Ditzingen 1981, 653 Seiten.

Ernst Schmitt: Pilgerwege Rom, St. Otto Verlag, Bamberg 1991, 96 Seiten.

Clemens Sonntag: Die ewige Stadt. Ihre Heiligtümer und Kulturdenkmale in Wort und Bild, bearbeitet von Joseph Spellucci, Salvator-Verlag, Köln 1987, 492 Seiten.

Herbert A. Stützer: Frühchristliche Kunst in Rom. Katakomben und ihre Malereien – Basiliken und ihre Mosaiken – Skulpturen und ihre Reliefs (DuMont Taschenbuch 261), DuMont Verlag, Köln 1991, 210 Seiten.

Heilige

Die Heiligen. Schriften und Viten, Philipp Reclam Verlag, Ditzingen.

Erna und Hans Melchers: Das große Buch der Heiligen, Südwest-Verlag, München 1977.

Päpste

Hermann Schreiber: Geschichte der Päpste, Gondrom Verlag, Bindlach 1989, 384 Seiten.

Albert Wucher: Von Petrus zu Paul. Eine Weltgeschichte der Päpste bis Johannes Paul II., Societäts-Verlag, Frankfurt/M. 1991, 292 Seiten.

Adressen

Wer die *Generalaudienz des Papstes* (jeden Mittwochmorgen) besuchen will, kann sich in der Präfektur Eintrittskarten besorgen. Das ist die einfachste Weise, am Bronzetor rechts vor der Peterskirche ein kleines Stück in den päpstlichen Palast einzudringen. Es empfiehlt sich, die Karten einige Tage vor der Audienz bei dem freundlichen Monsignore abzuholen. Wer es noch bequemer haben will, läßt sich die Karten (auch für Gottesdienste mit dem Papst) von den beiden deutschsprachigen Pilgerbüros besorgen: Pilgerstelle S. Maria dell'Anima, Via della Pace 24 Tel.: 6864160, und Deutschsprachige Pilger-Seelsorge, Via della Conciliazione 51, Tel.: 6897197/98. Jeden Sonntagmittag um 12 Uhr spricht der Papst vom Fenster seines Arbeitszimmers aus zu den Pilgern auf dem Petersplatz.

Die Vatikanischen Museen sind täglich von 9–14 Uhr geöffnet; in der Sommerzeit verlängert sich der Nachmittag von Montag bis Freitag um zwei Stunden. Am letzten Sonntag des Monats ist der Eintritt frei, was sich in stärkerem Andrang äußert. An allen übrigen Sonntagen sowie am 4. April, 12. Mai, 2. und 29. Juni, am 15. August, 1. November, 8. und 26. Dezember bleiben die Museen geschlossen. Der Einlaß am Viale Vaticano im nordöstlichen Teil der Vatikanmauer endet eine Stunde vor der Schließung. Die Vatikanischen Museen sind auch vom Petersplatz aus mit Pendelbus zu erreichen.

Übernachtungs-Gelegenheiten
An geistlichen Orden, die Pilgern und Touristen einfache und oft preiswerte Zimmer anbieten, gibt es allein in Rom mehrere hundert. Aber auch eine gewisse Zahl von Pensionen und kleinen Hotels werden von Kennern als Geheimtip gehandelt. Gegen Ende 1992 kostete eine Übernachtung mit Frühstück pro Person im Doppelzimmer rund 40 000 Lire (etwa 45 Mark). Wir führen im folgenden Häuser auf, in denen deutsch gesprochen wird (d) und die preislich besonders günstig liegen (g).

Maestre Pie Filippine (g), Via G. Missori 19, Tel.: 635201
Suore Pallottine (d), Via Mura Aurelia 7b, Tel.: 635697
Suore dell'Addolorata (d/g), Borgo S. Spirito 41, Tel.: 6861076
Pic. Suore d. Sacra Familia (g), Viale Vaticano 92, Tel.: 3720209
Deutschordenssuore (d/g), Via Nomentana 421, Tel.: 8380173
Villa Maria Regina (d/g), Via d. Camilluccia 687, Tel.: 3294293
Suore Carità Cristiana (d), Via Boccea 761, Tel.: 6960829
Villa Lituana (d), Piazza Asti 25, Tel.: 7017464

Andere Adressen sind zu erhalten beim Deutschen Reisebüro, Piazza Esquilino 29, (Tel.: 482731) oder bei Südland Italia Travel Service, Via Merulana 259, (Tel.: 4872726).

Jugendbegegnungen
Christliche Jugendliche, die in Rom Gleichaltrige und Gleichinteressierte suchen, kommen nicht an der ›*Comunità S. Egidio*‹ vorbei. Eine Gruppe von nur 15 Schülern eines römischen Gymnasiums gründete 1967 die Gemeinschaft, die heute mit über 5000 Mitgliedern in vielen Teilen Europas vertreten ist. S. Egidio kämpft gegen die geistige und gesellschaftliche Armut und widmet sich deshalb vor allem den städtischen Randexistenzen. Über dieser diakonischen Arbeit haben die längst zu Frauen und Männern herangereiften Basis-Christen ihr Glaubensleben nicht vergessen. Sie treffen sich täglich um 20.30 Uhr zum Gebet in der Kirche des ehemaligen Klarissenklosters.

Comunità S. Egidio, Piazza S. Egidio 3a (Trastevere) Tel.: 5895945.

Das Jugendzentrum *S. Lorenzo in piscibus* befindet sich in unmittelbarer Nähe der Peterskirche. Hierhin kommen Besucher aus allen Teilen Europas, um sich über das geistliche Rom zu informieren. Das Zentrum gleich neben einer Kirche aus dem 12. Jahrhundert bietet täglich eine Messe an und ein Gebetstreffen.

S. Lorenzo in piscibus, Via Pfeiffer 24 (Seitenstraße von Via della Conciliazione), Tel.: 6985332.
Über Pilgerreisen informiert die Pilger- und Touristenseelsorge der deutschen Bischöfe (Leitung Don Antonio Tedesco) Via della Conciliazione 51, Tel.: 6897198.